50歳からの「利他」という生き方

優しさが循環する社会の構築に向けて

野口 雄志

合同フォレスト

はじめに

▼50歳は「リスタート」の年齢

「今まで仕事のことばかり考えながら過ごしてきたけれど、定年後は一体何を目標に生きていったらいいのだろう？」

「組織のなかでの出世や昇給のことで頭がいっぱいだったけれど、定年後もこのまま自分のことばかり考えていていいのだろうか？」

50代に入って「定年退職」という一つの節目が見えてきたあなたは、そんなことを漠然と考える機会が増えたのではないでしょうか。

「人生１００年時代」といわれる今、50歳は「リスタート」の年齢です。

定年後の日々をいかに楽しく、いかに豊かに過ごせるのか。それは50代から準備を始められるかどうかにかかっています。これまでの人生に満足している方は、さらによくするにはどうすればよいか。それほどよくなかったと感じている方は、これからの人生をどうやってよい方向に変えていくのか。

50代の日々は、そのような意味で、定年後の人生にとって大きなチャンスと言っても過言ではありません。


10年という時間をかけて人生を変えていくためのキーワード。

それは「利他の心」です。


申し遅れました。私は野口雄志と申します。

18歳から60歳までの42年間を日本通運株式会社で勤め上げ、定年後には企業の戦略支援やデジタル化の支援、人材育成、講演や執筆活動、複数の財団や社団法人の役員としての活動、社会貢献活動などに打ち込んできました。

「誰かのために、社会のために、自分は一体何を残せるのだろうか？」

定年後には、そんな問いの答えを探す旅がいよいよ始まる。

そう考える私は今、「50歳からの最強人生」をテーマに、ラジオパーソナリティやYouTube配信といった活動も楽しみながら行っています。

そして、決して誇張ではなく、毎日が本当に充実していると実感しています。

定年退職からの新たなスタートと言っても、旅には準備が必要です。思い立ったからといって、すぐに出発できるわけではありません。利他的な人生の基礎となる心のありようを整えたり、仕事で培ってきた経験を棚卸しして自分の強みを見つけたりしながら、定年後の人生の軸をつくっていく。

50代とは、そのための時間なのではないでしょうか。

▼大がかりな行動も自己犠牲も必要なし

「利他」という言葉に触れたあなたは、「自分の生活で精一杯なのに社会貢献なんてできるわけがない」「定年後まで自己犠牲的な生き方はしたくない」といった心の声を耳にしたかもしれません。

ですが、「利他の心」をもって生きるということは、何も大がかりな社会貢献活動に取り組んだり、自分を犠牲にして何かに捧げたりすることではありません。

むしろ、あなた自身が幸せに生きるための第一歩だと私は考えています。

そして、一人ひとりが日々の暮らしのなかで利他心をもち、誰かの役に立つことでささやかな幸福感や「わくわく」を感じるようになれば、結果として、誰もが笑顔で過ごせる社会ができあがるのです。

言い換えれば、大人の一人として優しさが循環する社会をつくること。

あなたもその一員になれたら、とても素敵だと思いませんか?


私はそんな利他的な生き方の素晴らしさを、一人でも多くの方にお伝えしたくて、71歳の今、本書の執筆を決意しました。

人生を「幸せ」で終わらせたいと思うのならば、定年退職はまさに中継点。そこからが本当の人生の始まりです。自分がわくわくするチャレンジを重ねながら新たな世界に飛び立ちましょう。

▼一人ひとりが利他的に生きれば、社会は変わる

だからといって、「頑張って社会を変えるぞ！」などと拳を振り上げ、自分の軸で物事に取り組んでほしいわけではありません。

この点はぜひ、誤解のないようにお願いします。

大切なのは、あなた自身が幸福を感じることです。

そして、あなたと同じように幸福を感じている仲間に囲まれながら成長していく。その結果、自然とあなたの周りに優しさが循環し、誰にとっても居心地のよい社会ができあがっていく。そのサイクルを構築することです。

今でこそ充実した毎日を過ごしている私ですが、最初から順風満帆だったわけでは決してありません。多くの苦しみもありました。

だからこそ、「こんな自分にもできたのだから誰にでもできる」と信じて、利他的な生き方を広めるべく活動しているわけです。

「利他的に生きたところで、結局は自分だけが損をするのではないか？」

「誰かの役に立つことで、幸せになんてなれるものだろうか？」

そう思った方は、ぜひ本書を読み進めていただければ幸いです。

本書では、利他的な生き方のきっかけとなるヒントをたくさんお伝えします。

利他の精神がもたらす喜びや、他者とつながることの力を感じていただけるものと信じています。人生は何歳からでも、誰でも、何度でも、変えることができます。

新たな生き方の扉を開き、50歳からの人生をともに輝かせていきましょう！

野口雄志

第6章 「利他心」でウェルビーイングな社会を

第1章

「利他」とは何か

なぜ、利他の行為は素晴らしいのか

「利他」とは誰にでもできる小さなこと

多くの方が、「利他」という言葉に対して「人格者にしかできない立派な行為」という印象をもっているように感じています。私も若い頃はそうでした。

それが理由で、「自分なんかにはとても……」と謙遜を強いられたり、「時間もお金もギリギリの線で生きているのに……」などの拒否反応につながったりするケースを、これまで少なからず目にしてきました。

だからこそ、最初にお伝えしておきましょう。

利他とは、決して大がかりな行動を指すわけではありません。

困っている人に笑顔で一声かける。

家族のために小さな手助けをする。

そうした些細なことであっても、相手を思う気持ちがしっかりと備わっていれば、立派な利他的行為といって差し支えありません。

さらに言うと、そんな小さな積み重ねだからこそ、意識を変えるきっかけになると私は考えています。これまで利他とは無縁だった人にとっても、心のハードルを低く設定することができるからです。

小さな利他が積み重なることで、行動した人も、手を差しのべられた人も、さらにそうした光景を見ていた人も、驚くほどの幸福感に包まれることは確実です。

稲盛和夫さんも語った「小さな利他」

ここで、私が尊敬する故・稲盛和夫さんの言葉をご紹介しましょう。

「利他というと何かたいそうな響きがあります。しかし、それは少しもだいそれたものではありません。子どもにおいしいものを食べさせてやりたい、女房の喜ぶ顔が見たい、苦労をかけた親に楽をさせてあげたい。そのように周囲の人たちを思いやる小さな心がけが、すでに利他行なのです。

家族のために働く、友人を助ける、親孝行をする……そうしたつつましく、ささやかな利他行が、やがて社会のため、国のため、世界のためといった大きな規模の利他へと地続

きになっていく。（以下、一部略）

人間はもともと、世のため人のために何かをしたいという善の気持ちを備えているものです。昨今でも、たとえば手弁当で災害地にかけつけるボランティアの若者が数多くいるという話などを聞くと、利他というのは、人間がもつ自然な心の働きだという思いを強くします。

人間の心がより深い、清らかな至福感に満たされるのは、けっしてエゴを満たしたときでなく、利他を満たしたときであるというのは、多くの人が同意してくれることでしょう」

（『東洋経済オンライン』2023/08/26　「稲盛和夫さんが『利他』の心を常に問い続けた理由」より一部引用）

稲盛さんの素晴らしさは、利他の本質を身の回りの人への小さな思いやりのなかに見い出していること。そして、利他が常に基本思想のなかにあり、そこからすべてを判断しているということにあるわけです。

幸福度を上げるためには利他心が必要

多くの先人たちが「人助けをすると幸福な気持ちになる」と語ってきました。

私自身、周りの人を助けたり応援したりすることで幸福感や満足感が高まった経験を何度もしていますし、あなたにもきっと同じような経験があるはずです。

では、なぜ利他の行為により、心の幸福度が上がるのでしょうか？

その理由を心身の仕組みから見ていくことにしましょう。


他者に対して親切にふるまうと、脳内にオキシトシンやエンドルフィンといった幸福感をもたらすホルモンが分泌されます。これらのホルモンは「幸せホルモン」と呼ばれ、ストレスを軽減し、ポジティブな気分を増幅してくれます。

他者のために時間やエネルギーを使うことが、固定観念からの解放や視点の転換を促し、結果的にストレスを軽減してくれると考えて差し支えありません。

また、「ヘルパーズ・ハイ（Helper's High）」という言葉の注目度も上がっています。これは誰かを助けたときに、脳内に分泌されるドーパミンという快楽物質のおかげで充実感や高揚感を抱くことができるという現象です。

つまり、利他的行動が自らの幸福感につながるのは決して「気のせい」ではなく、「脳内報酬系の活性化」という生理的反応に裏付けられているのです。

近年では、利他心と脳内物質の関係についての研究ニーズが非常に高まっており、エンドルフィンについての文献は10年間で4・9倍も増加しているそうです。

「自分に余裕がないから、人に親切にすることなんてできない……」

そんなことを口にする方も少なくはありませんが、「人に親切にすることで自分が余裕を取り戻すことができる」ことは多くの研究によって証明されているわけです。

優しさが循環する社会のために

小さな循環の始まり

例えば、大切な家族や友人の誕生日が近づいているとしましょう。

あなたはどんなことを考えながらプレゼントやごちそうを選びますか？

あの人はこれをほしがっていたな、きっとこの服を着たら似合うだろうな、これが好物だったな。そんなことを思い浮かべながら喜んでいる姿を想像し、プレゼントを選ぶのではないでしょうか？　そのとき、「高価なお返しがほしいから高価なものを贈ろう」とは考えません。まさにこれこそが、本質的な利他の行動です。

さらに当日、お相手が飛び上がって喜んでくれたとしましょう。

その姿を見たあなたはどんな気持ちになるでしょうか？

お相手の嬉しい気持ちがあなたに伝わって、あなたも嬉しい気持ちになり、もっともっと喜ばせたいという気持ちになるのではないでしょうか？

では、お相手はどうでしょう？

お返しをすることであなたを喜ばせたいと思うだけでなく、他の誰かを同じように喜ばせたいと思い、自分にできることを探し始めるのではないでしょうか？

あなたにも、もうお分かりですね。

優しさの循環は、このようにして始まるのです。

脳と幸福感について数々の著書を発表している前野隆司さん（慶應義塾大学大学院システムデザイン・マネジメント研究科教授）も幸福感と社会貢献との関連について、次のように述べています。

「社会貢献に尽力されている方は、自分が幸せになりたいからではなく、世の中を幸せにしたいから、貢献したいとお考えなのだと思います。自分が幸せになるために社会貢献をするとの発想はおかしい。人を幸せにしたいと思っている人は自然と幸せになるようにできているからです。社会貢献をしたくないということは、まわりまわって、幸せになりたくないと同じことになってしまうのです。『自分が幸せになりたかったら人を幸せにせよ』です。逆もまた真なり。『ひとを幸せにしようとしていたら、自分も幸せになった』」(『幸せのメカニズム　実践・幸福学入門』講談社現代新書より抜粋)

トイレで目の当たりにしたこと

私の身の回りで起きた、ちょっとした出来事をお伝えしましょう。

先日、ホテルのトイレを利用したときのことです。私は手を洗ったあと備え付けのペーパータオルで洗面台の周りをさっと拭きました。そうすると次の人が気持ちよく使えるので、ちょっとした優しさとして私はいつもそうしているのです。

すると、私の後から来た人が私の様子をちらりと見て、同じように洗面台の周りを拭いてから出ていきました。

おそらくは、私の行動から何かを感じ取ってくれたのでしょう。

私は嬉しくなり、その日一日をとてもいい気持ちで過ごすことができました。

私はペーパータオルで洗面台を拭くために、時間も労力もほとんど使っていません。多くの人は「自分のことだけで精一杯で、他人に手を貸したり、社会貢献をしたりする余裕なんてない」と口にしますが、むしろ、そんなに難しく考えるから動き出せない、難しく考え過ぎないことが必要なのではないかと思うわけです。

自分自身の幸せの追求と、周囲に優しさを向けることとは対立するものではなく、共存することが十分に可能です。そして、他者に優しさを向けることによって自分が満たされるだけでなく、周囲の行動も変わっていくことが期待できます。

大切なのはこうした双方向の関係性です。

言い換えれば、優しさの循環こそが、利他の本質なのではないでしょうか。

優しさや思いやりをもってふるまうことで周囲の人とのつながりが強くなったり、新たな人間関係が生まれたりすることは、孤独感や疎外感に満ちた現代社会において貴重な経験になるでしょう。

また、自分がしんどいと感じているときに周囲に示した小さな優しさが自分自身の気持ちを和らげ、少しずつ心に余裕をもたせてくれることもあります。他者のために行動することは自分を幸せにする近道でもあると言って間違いありません。

優しさは間違いなく循環する。

そのことを私は、ホテルのトイレで確信しました。そして、小さな優しさの循環が絶えない社会をつくっていきたいと思ったのです。

「ギブ＆ギブ」の行き着く先は？

私たちは「ギブ＆テイク」という言葉をよく使います。

常日頃から利他の行動を心がけていなければ、「このギブによって、どんなテイクがあるのだろう」と見返りのことばかりを考えてしまい、ギブへの一歩が踏み出せず、当然のことながら優しさの循環は生まれません。

私は「ギバー」、つまり与え続ける人でありたいと思っています。だからといって、自己犠牲的な生き方をよしとしているわけではありません。

テイクを忘れてギブのことだけを考えていると、いつか必ず「心の豊かさ」という形でテイクがやってくることを知っているだけです。

私は長く「一般社団法人おせっかい協会」で活躍されている高橋恵さんを心から尊敬しています。同協会は「見返りを求めない利他の心を育み、心の豊かさがあふれる日本をつくる」ことを目的としています。

私自身もコアメンバーとして活動のお手伝いをしています。

高橋さんは82歳というお年でありながら、「病院に行かずに美容院に行く」などとダジャレを飛ばしながら、日本全国を飛び回って講演活動をされている非常に元気な方です。そんな高橋さんの著書には次のように書かれています。

『人は心のありようで成長します。その心を成長させるエネルギーは「与えること」だと思っています。

与えることで心は成長する。

与えるほど心に余裕が出来る。

与えたことは心に返ってくる。


私はこの三つの言葉が大好きです。

人生は、この「与える」側になったり、「与えられる」側になったり、どん底からの這い上がりを繰り返すことで、心が鍛えられ、成長していきます。


私のやっているおせっかい活動の原点は、利他の心です。

与えることの繰り返しなのです。

私のセミナーで若者に聞かれました。「与えてばかりだと疲れませんか」と。

実に現代的な質問です。「与えられたら、与えた分だけ、利益がないなら損じゃないのか」という考えが根底にあるからです。

私はその若者にも理解してもらえるように答えました。

「与えた分、ものすごい利益をもらっているのです。心が成長するエネルギーを補充できます、心に余裕ができ若返ります。そして与えた分、出会いがあり、仲間ができるのです」

Circulation
成長
出会い
幸せ
仲間
若返り
GIVE & GIVE

と。

人生を豊かにする原点は「与えること」。あなたも何ができるか考えてみませんか』(『百年人生を笑って過ごす生き方の知恵』(致知出版社)より抜粋)

高橋さんが言う「心が成長するエネルギー」とは、先に私が述べた「心の豊かさ」と同様、お金では買えないもののひとつです。そんな大切なものを与えてくれるのが利他の心。「ギブ&ギブ」を継続し、優しさを循環させ続けることで、あなたもきっとこうした目には見えない「テイク」を手にすることになるでしょう。

「心理的安全性」が重視される社会

あなたは上司に意見できますか?

ここで少し、ビジネスの世界に目を向けてみましょう。

今が50代で、企業に勤めている方であれば、一度は「心理的安全性」という言葉を耳にしたことがあるのではないでしょうか。私自身も、2024年に『最大の成果を上げる心理的安全性マネジメント　信頼関係で創り上げる絶対法則』(ごきげんビジネス出版)という本を上梓し、大変ご好評をいただきました。

心理的安全性とは、1965年にマサチューセッツ工科大学の教授であるエドガー・シャイン氏とウォレン・ベニス氏が提唱した概念で、「他者の反応を気にすることなく、自分の思いを安心して自由に表現できる環境」を指します。

2012年にGoogleがこの概念に真正面から取り組み、「何よりも心理的安全性がチームを機能させるために重要である」と結論づけたことで注目を集めました。

例えば、あなたが新入社員だったとして、様々な階層の社員が同席する会議で上司の意見に対して「それは、目標からずれているのではないでしょうか？」などと意見したり、「分かりにくいので、もう一度説明してください」と頼んだりすることはできますか？　おそらく「YES」という答えはすぐに出てこないでしょう。

「そんなことを言ったら叩かれる」「目立つことはしないほうが無難だ」などと、黙って成りゆきを見ている人が多いのではないでしょうか？

どんな状況であれ、思ったことを自由に発信できる組織では心理的安全性が十分に担保されていると言うことができます。あなたが組織のリーダー的な存在である場合、メンバーが安心して発言できる状況をつくるというのは、一人ひとりをよく理解し、心からの敬意を払い、そして寄り添うこととイコールです。

つまり、心理的安全性を語ることと利他を語ることとは同義なのです。

新人のアイデアを採用するアメリカ企業

私には二度のアメリカ勤務経験があります。

第2章で詳しくお伝えしますが、日本とアメリカには文化的背景や社会的価値観の違いに基づいた組織運営の違いがあります。それらは個人主義なのか集団主義なのか、心理的安全性が重視されるか否か、利他心がどのように表れるのかなど、様々な面で顕著に表れます。

あなたもご存知の通り、アメリカは基本的には個人主義で個人の幸せを願います。

そのため、アメリカでは心理的安全性が特に重視され、社員が自分の意見を自由に述べられる環境が整えられています。

とりわけGoogleやApple、Meta、Microsoftなど世界を席巻するＩＴ関連企業の成功の背後には、個人の力を引き出して組織力へとつなげる仕組みが必ず機能しています。

このような企業文化においては、新入社員であってもアイデアが尊重され、それが積極的に採用されることも少なくありません。心理的に安全な風土が、新しい商品やサービスの開発につながり、最終的には組織の成長と利益の増加をもたらすのです。

私はアメリカで働きながら、現地の心理的安全性を学びました。

個人が個としての力を発揮し、組織を強くしていく様子を目の当たりにしたことで、日本も心理的安全性を重視しなければならないと強く思ったのです。

新人の意見を封じる日本企業

他方、日本人は「業績向上のためには組織の結束力を強化しなければならない」と考え、個人の創造性や自主性を犠牲にしがちです。

何より大切なのは組織としての成果であり、個人はそのために自らを尽くすべき。

そうした価値観が深く根付いているため、各人が自由なアイデアを出せないという心理的安全性に欠けた環境ができあがってしまうのです。

また、前近代的とも言うべき歪んだ上下関係も残っており、例えば、新入社員が斬新なアイデアを提案しても、「経験が足りない新人のアイデアなど信頼できない」と聞く耳をもたなかったり、最悪の場合には、上司がアイデアを横取りしてしまったりすることも少なくありません。

こうした環境下では心理的安全性が育まれず、自発的に発言したり行動したりするモチベーションも上がらないため、組織全体の活力は失われてしまいます。

アメリカ人は「個人がそれぞれに個としての力を発揮することでよい組織をつくり、よいサービスを提供して利益を上げる」という順番で考えるのに対して、日本人は、「組織としての成果を上げるために組織を強くすることを優先し、そのために個人が自由に発言できる機会を抑える」という順番で考えているのです。

心理的安全性の神髄は、単に「安心感」を提供することにとどまらず、個人が力を発揮することで組織力を上げる点にあります。

自分の意見が尊重され、十分なフィードバックが得られる環境が存在することで、新たなアイデアが次々と生まれます。こうした環境を整えることが、結果的に組織の競争力を高め、優れたサービスやビジネスの提供につながるのです。

今の日本には、こうした循環が圧倒的に不足しています。日本の企業は、利他心に裏打ちされた心理的安全性を取り入れることが急務であると考えています。

時代は「ヒューマンセントラル」を求めている

ヒューマンセントラルな職場とは？

バブル全盛期、日本の企業は業績ばかりを追い求めて、従業員の幸福感や満足感の優先順位は圧倒的に下のほうに位置づけられていました。

それに対して、今世界のビジネスシーンは、心理的安全性を重視する「ヒューマンセントラルの時代」に突入しています。

ヒューマンセントラルとは、そこにいる人々のニーズや満足感、幸福感を最優先に考え、長期的な成功や幸福を実現しようとするアプローチを意味する言葉です。

つまり、組織のなかで、すべてのメンバーが自分の気持ちや意見を自由に表現し、それぞれがもっている潜在能力を最大限に発揮できる環境のことです。まさに心理的安全性が確保された環境を指すと言って間違いありません。

自社のビジネスが社会に与える影響を考え、企業活動を通じて、社会全体の利益を目指すこともその一環だと言えるでしょう。

幸せな気持ちで生きる人は仕事にも積極的に取り組みます。

仲間とのコミュニケーションも良好であり、職場におけるエンゲージメント（会社に対する社員の愛着心や思い入れ）が高まります。

さらに言えば、創造性や問題解決能力も高まるため、労働生産性が大きく向上し、技術革新（イノベーション）が促進されます。それによって業績が上がり、日本全体の経済成長が促されるのは言うまでもないことでしょう。

日本の企業でイノベーションが起こりにくい背景には、心理的安全性の問題が深く横たわっています。この点も日本の大きな課題だと私は考えています。海外と比べて日本の競争力が低下していることにはそれなりの理由があるわけです。

だからこそ、利他心をもつことが何よりも重要なのです。

そうして個人の幸福感を高め、心理的安全性が担保されたヒューマンセントラルな職場環境を構築し、日本に調和や活気、さらには経済成長をもたらすこと。

大きな話になりましたが、利他はそれだけ重要なのだということです。

業績は後からついてくるもの

今の日本では「働き方改革」や「女性活躍推進」などが進み、多くの企業が個人を大切にするような仕組みをつくりつつあります。そのような意味では、変化の兆しはたしかに見えると言ってよいでしょう。

しかし、実態を見ると、残念ながら「心」が入っていない企業が少なくありません。

中小企業の場合は、トップが柔軟な考え方をもってさえいれば、社員はフットワーク軽くチャレンジすることが比較的容易です。

しかし、トップが「俺の言う通りにやれ！」というボス的な人物であると、たとえベンチャー企業であっても、気がつけば人が離れていくという結果が待っています。

付言すると、大企業では「自分の任期中はできるだけ波風を立てずに済ませたい」という考えから、チャレンジを避けるトップが今でも多いようです。

リーダーシップとは単に指示を出すだけではなく、部下が働きやすい環境を自らのふるまいによって築いていくことでもあります。

私自身もこれまで多くの部下をもってきましたが、最も大切なリーダーの役割は、部下が元気で楽しく働ける環境をつくることだと考えてきました。

そこには「自分だけが成果を出したい」とか「自分だけが出世したい」などという利己心ではなく、利他的な思考が必ず必要になってきます。

裏を返せば、利他的な思考で臨めば、結果は必ず後からついてくるのです。

このことをぜひ、あなたにもご理解いただきたいと思っています。

第2章

なぜ今、「利他」なのか？

世界ランキングに見る日本人

「世界人助け指数」142カ国中141位

あなたはすでに、利他の素晴らしさを十分に理解されていると拝察します。

しかし、今の日本の社会はどうでしょうか？

多くの人が利他の心を忘れてしまっているのではないか、そんな風に感じることはありませんか？

世界各国の「人助け度」をランク付けした報告書「World Giving Index 2024（世界人助け指数）」が、チャリティーズ・エイド・ファンデーション（CAF）によって、2024年8月に発表されました。

人助け指数とは、次の3つの項目に対する答えをアメリカのギャラップ社が調査し、算出したものです。

- この一カ月の間に、見知らぬ人や、助けを必要としている見知らぬ人を助けたか

● この一カ月の間に寄付をしたか
● この一カ月の間にボランティアをしたか

日本のランキングは、なんと１４２カ国中１４１位。ビリから二番目であり、Ｇ７のなかではもちろんのこと、調査されたアジアの国々のなかでも最下位でした。

これとは別に、世界１５６カ国を対象とした「World Happiness Report 2024（世界幸福度調査）」では、日本は総合51位となっています。

これだけを見ると決して悲観的な順位ではありませんが、「寛容さ（『過去一年間に慈善団体に寄付をしたか』という質問に対する回答の平均値を一人あたりのＧＤＰで調整したもの）』という項目に関しては、１１０位という結果が出ています。

やはり、日本人は「人助け」をしない傾向にあるのでしょうか？

今こそシニアがお手本を見せるとき

こうした日本のランキングの低さについて、ＣＡＦは２０２３年に「アメリカでは慈善行為として認識されていることが、日本では責任として理解されている可能性が高い」と指摘しています。つまり、日本人は人助けを「やって当然という責任の伴う行為であり慈善行為ではない」と認識していることが低スコアの原因になっていると推測しているわけです。

それ以外にも、「日本人は、冷たいのではなくシャイなので、見知らぬ人に自分から声をかけること自体のハードルが高いのではないか」という意見があります。

あなたはどう思いますか？

ここまでの低スコアが長きに渡って続いているということには、複数の要因があると見ることもできます。しかし、もしも日本人が人助けを躊躇しているとするならば、それは教育でいかようにも変えていけるのではないかとも感じています。

世界人助け指数トップ25

RANK	COUNTRY	WORLD GIVING INDEX	HELPED A STRANGER (% OF ADULTS)	DONATED MONEY (% OF ADULTS)	VOLUNTEERED (% OF ADULTS)
1	Indonesia	74	66%	90%	65%
2	Kenya	63	82%	56%	52%
3	Singapore	61	75%	68%	40%
4	The Gambia	61	78%	61%	45%
5	Nigeria	60	81%	45%	53%
6	United States of America	59	76%	61%	39%
7	Ukraine	57	77%	67%	27%
8	Australia	54	69%	59%	34%
9	United Arab Emirates	54	65%	59%	37%
10	Malta	54	56%	74%	31%
11	Canada	54	67%	60%	34%
12	Liberia	52	80%	19%	58%
13	Guinea	52	74%	38%	43%
14	Thailand	52	64%	67%	24%
15	Ireland	51	59%	65%	29%
16	Bahrain	51	72%	56%	26%
17	New Zealand	51	60%	58%	34%
18	Kuwait	51	64%	53%	35%
19	Myanmar	50	53%	78%	20%
20	Malaysia	50	62%	52%	36%
21	Norway	50	53%	65%	31%
22	United Kingdom	49	55%	67%	26%
23	Israel	49	63%	54%	28%
24	Iceland	48	48%	71%	25%
25	Netherlands	48	48%	64%	32%

出典：「World Giving Index 2024」CAF

世界人助け指数ワースト18

RANK	COUNTRY	WORLD GIVING INDEX	HELPED A STRANGER (% OF ADULTS)	DONATED MONEY (% OF ADULTS)	VOLUNTEERED (% OF ADULTS)
125	Montenegro	29	50%	28%	9%
126	Slovakia	29	45%	24%	17%
127	Moldova	28	58%	15%	12%
128	Egypt	28	72%	10%	3%
129	Benin	27	52%	14%	15%
130	Vietnam	27	52%	14%	16%
131	Lebanon	26	49%	21%	8%
132	Romania	26	53%	18%	6%
133	Bulgaria	26	48%	23%	6%
134	Tunisia	24	55%	7%	11%
135	Afghanistan	24	53%	10%	9%
136	Togo	24	48%	11%	13%
137	Croatia	24	43%	17%	11%
138	Yemen	23	52%	7%	9%
139	Lithuania	22	41%	16%	11%
140	Cambodia	22	28%	31%	6%
141	Japan	20	24%	17%	19%
142	Poland	15	23%	15%	7%

出典：「World Giving Index 2024」CAF

そのためにも、上の世代が下の世代にやって見せ、それがどれだけまわりの人々を、さらには自分自身を幸せにするのかを伝えていく。

それが何よりも大切なのではないでしょうか。

仕事へのエンゲージメント率、世界最下位！

もう少しだけ暗い話にお付き合いください。

前述のギャラップ社が実施した「グローバル職場環境調査2022」では、仕事への熱意や職場への愛着を示すエンゲージメント率が日本人はわずか5％しかなく、世界145カ国中最下位となりました。

この数字が意味しているのは、「自分の仕事に充実感を抱いている」と答えた日本の会社員は、100人中わずか5人しかいないという事実です。

この原因は一体どこにあるのでしょうか？

昔ながらのトップダウン型リーダーが今でも圧倒的に主導権を握り、時代に合ったリーダーが育っていないのでしょうか？

あるいは、職場が多様性を認めず、排他的なのでしょうか？

コロナ禍によるコミュニケーション不足が影響しているのでしょうか？

突破口は心理的安全性を高めること

日本人の労働時間は、数十年前に比べるとかなり短くなりました。

多くの法律が整備されたことで残業が減り、休暇も取りやすくなっています。実際、過労死する人数も減少しました。

ところが、うつ病などの精神障害を抱える人は以前より増えています。

厚生労働省の報告によると、２０２２年には仕事上のストレスが原因で精神障害を患い、労災認定された人は全国で７１０人、と過去最多を記録したようです。

主要各国の「社員エンゲージメント（仕事への熱意）」

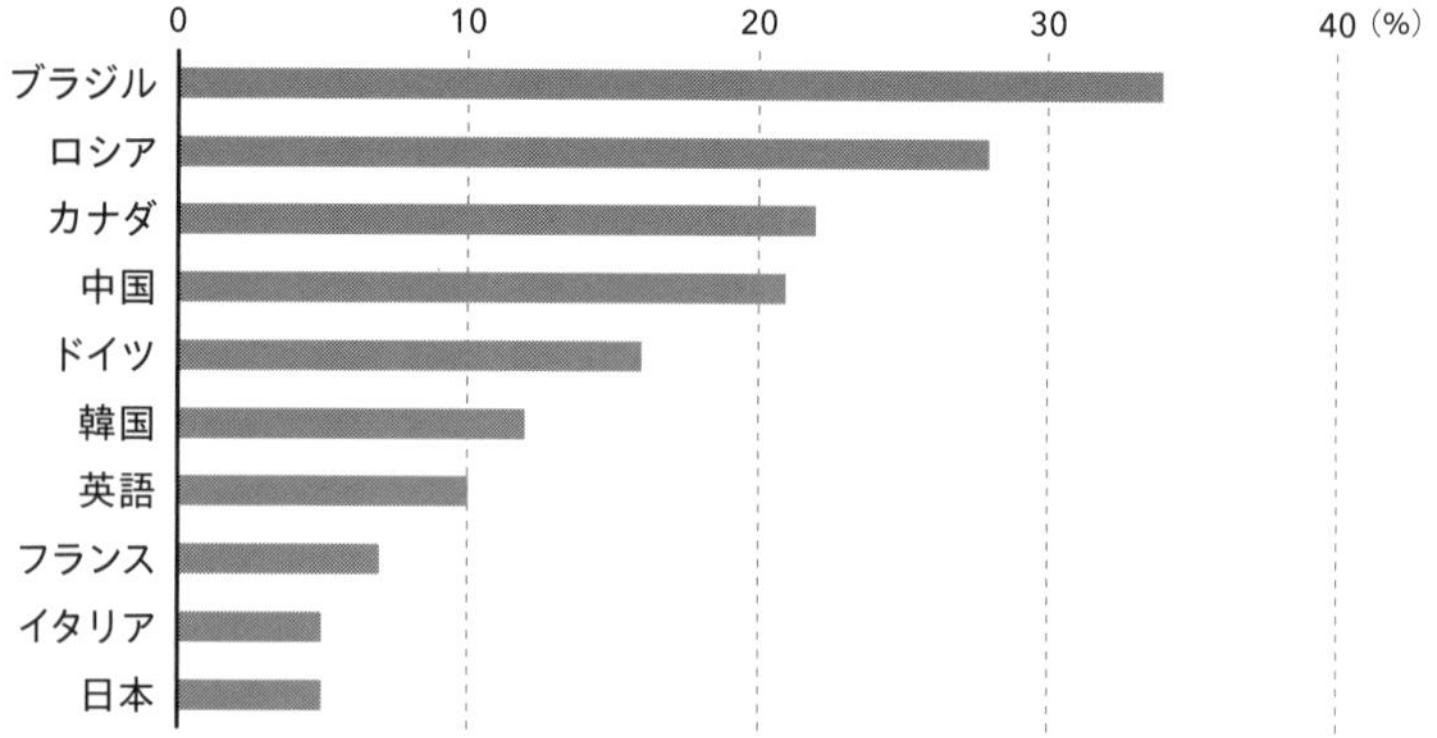

日本人の「仕事への熱意」は145カ国最下位の5%（2022年）

出典：「グローバル職場環境調査2022」ギャラップ社

人手不足による個人への負担増、コロナ禍によるコミュニケーション不足、そしてハラスメントなど、原因はいくつもあることでしょう。しかし共通して言えるのは、心理的安全性が欠如している、ということではないでしょうか。

企業のエンゲージメントと生産性は密接に関わっています。このままでは日本の経済は傾く一方でしょう。突破口は、一人ひとりが利他の心をもって心理的安全性を高めていくこと。私はそう思っています。

希薄化する人と人のつながり

リモートワークも原因のひとつ？

気になる2つの世界ランキングをご紹介しましたが、私自身も人と人の関わり方が希薄になりつつあるように感じることが多々あります。

その原因の一つとして考えられるのが、新型コロナウイルスの流行です。

2020年から2021年にかけて「緊急事態宣言」がたびたび発令され、リモートワークという新しい働き方が普及しました。コロナ後は、出社とリモートワークとを織りまぜたハイブリッドワークが新たなスタンダードになりつつあります。

もちろん、そうしたワークスタイルが認められるようになったことで、多様な人が働きやすくなりました。しかし、「みんなで顔を合わせて雑談をする」といった機会が圧倒的に減ったことで、分からないことがあったときに気軽に質問できなかったり、ちょっとした悩みを相談できなかったりという不安を抱える若者も増えています。

減少する「アフター5」のおつきあい

また、私の現役時代には、仕事が終わると上司が部下を誘って飲みに行き、お互いに腹を割って話すことが頻繁にあったものです。

私の知人はそんな昔をふり返り、「バブル期には会社の経費で飲み会ができたので、みんなで行くことが頻繁にあったが、バブルが弾けて経済的に厳しくなってからは、自腹を切ってまで職場の仲間と飲む機会が激減した」と話してくれました。

アフター5の交流が減ったのは、コロナだけが原因ではないのかもしれません。

原因が何であれ、面倒なつきあいがなくなってほっとしている人も少なくないとは思いますが、コミュニケーション不足が加速していることは間違いないでしょう。

同時に、昨今はハラスメント対策が厳しくなり、上司世代は「部下にこんなことを言ったらハラスメントだと思われるかもしれない」と遠慮して、部下に率直な言葉をかけられなくなっています。

日頃から信頼関係が十分に構築されていれば、そうした躊躇が生じることはないと思われますが、関係性が希薄であれば遠慮が勝ってしまうのも頷けます。

人と人とのつながりが希薄になれば、目の前にいる相手の表情や声音から気持ちを汲み取る力が弱くなります。

当然のことながら、利他心も育たず、優しさの循環も起こり得ません。

利他につながるのは「百人百様」の多様性

人間関係の希薄化を背景としながらも、「多様性を重視しよう」という声が、社会の各方面から上がっているのは喜ばしいことです。

ただ、日本人は物事を二元的にとらえがちです。

例えば、１００人中60人が「Ａという意見が多様性に富んでいてよい」と言えば、Ａという考え方が正解になり、Ａに賛同しない40人の意見は、「間違った意見」だと排除されてしまいます。それだけでなく、攻撃されることすらあり得ます。

本来の多様性とは「１００人いれば１００通りの意見がある」という事実を率直に認めることです。

極論を言えば、「多様性を認めない」という意見も多様性のひとつです。

これを排除したり、攻撃したりするようであれば、優しい世界だとは言えません。同じ目の色、同じ髪の色のなかで暮らしてきた日本人は、違いを見つけるとたちまち「排除する」という選択肢を選びがちです。

しかし、そのような考え方から利他心が生まれるはずはないのです。

大切なのは、百人百様であることを受け止めること。そして、それら１００通りの意見のなかから「共通項は何だろう？」と考え、みんなで幸せに共存していく方法を模索すること。そして、その過程のなかで、相手をリスペクトし、相手が何を考え、何を求め、何に困っているのかを、寄り添いながら考えることです。

人のつながりが希薄になっている今だからこそ、百人百様の多様性を大切にして、周りの人に笑顔で手を貸したり、困りごとに耳を傾けたり、といった、小さな利他の行動が欠かせません。あなたの小さな優しさが心理的安全性を確保し、大きな循環の起点になり得ることを改めてここで確認しましょう。

「善悪」VS「損得」

大企業の不正や闇バイトも……

もうひとつ、昨今の社会を見ていて痛感するのは、多くの人が「善悪」ではなく「損得」を基準に行動していることです。

2024年を振り返るだけでも、日本を代表する大企業の不正や政治家の不祥事に驚かされたり、SNS上の掲示板を通して雇われた見ず知らずの若者たちが高齢者の住居に押し入って金品を奪う「闇バイト事件」の多発に暗澹たる気持ちになったり、そんなことが少なくありませんでした。

すべての原因は、善悪という観点ではなく損得の観点から「どれだけ手っ取り早く儲けられるのか」ということだけを考えた結果ではないでしょうか？

極論かもしれませんが、日本の社会は少しずつ、善悪ではなく損得を基準として、行動を決めることが当たり前になりつつあるように感じます。

あなたは社会教育家の田中真澄さんという方をご存知でしょうか？

この方も、利他心を非常に大切にされている方で、これまでに７５００回を超える講演会に登壇されています。

田中さんは、「平成の初頭まで、日本人には損得よりも善悪を優先し、常に心の問題を考える風潮がありました。しかし、ネット社会が到来して以降、損得が最優先されるようになっています。心の問題に見て見ぬふりをする行為が社会的に黙認されていることも影響しているのかもしれません」と語っていらっしゃいます。

私自身も社会に損得感情が満ちている理由のひとつに、インターネットが普及し、人々があらゆることに、過剰なまでにスピードや生産性を求めるようになったことを挙げざるを得ないと感じています。

とにかく早く結果を出したい。

それも目に見える数字という形で出したい。そうしなければ競争に負けてしまう。

そんな世界のなかでは、「自分にとっても周囲にとっても善であることをしよう」という利他心も、「小さな優しさがいつの日か心の豊かさとなって自分に返ってくる」という優しさの循環も、価値のないものと受け取られてしまいます。

「善悪」で決めたことは後の幸福につながる

もちろん、インターネットは今や社会に不可欠なものであり、スピーディに結果を求めることを「悪」だと言い切るつもりはありません。

しかし私は、「損得」よりも「善悪」を優先する社会であってほしいと願います。

儲かるかどうか、有名になれるかどうか、より高い地位につけるかどうか、といった損得に対して、善悪は、それが自分のみならず、誰かの笑顔につながるのか、社会をよりよい方向に変えていけるのか、という利他的な思考を含んでいます。

そして、善悪に照らし合わせて「善」だと判断されたことは、必ず後々の私たちの幸福につながっていきます。逆に、損得で行動してしまうと、必ずと言っていいほど後になって自分が苦しくなるという結果が待っているのです。

長い人生を生きる上でも、事あるごとに「自分は損をさせられたのではないか？」「もっと得することができたのではないか？」とソロバンを弾き続けているだけでは、気持ちがまったく休まりません。損得にこだわらず「ギブ＆ギブ」の精神をもって、「このギブは、いつの日か心の豊かさという形で戻ってくる」と大らかでいるほうが、どれだけ気持ちよく生きられるでしょうか。

スピーディに結果を求める時代だからこそ、一歩踏みとどまって、「誰かのため」を考えることの価値をあなたにも考えていただけたらと思っています。

私の暗黒時代

かく言う私も、昔からこのような生き方をしていたわけではありません。

高卒で入社したということもあって、当時は「大卒の同期に負けてたまるか」という負のエネルギーに支えられ、がむしゃらに仕事に打ち込んでいたのです。

特に最初のアメリカ勤務から帰国した34歳から44歳にかけて、バブル真っ只中の10年間は壮絶でした。

仕事自体は右肩上がりの絶好調でしたが、想像を絶する忙しさのなかで私は完全に余裕を失ってしまったのです。損得ばかりで誰かに優しくすることなど考えられず、家族とも疎遠になってしまい、最終的に身体を壊して入院してしまいました。

ダウンしたことで、自分がいかに成果や昇進ばかりを追いかけていたのか、いかに損得ばかりを考えていたのかに気づき、このままでは自分がダメになってしまうと、心の底から実感しました。

何とかして今の自分を変えなければいけない。

そんなことを思うほど、当時の私は自分が嫌になっていたのです。

そして私は、もう一度日本を離れて、一から学び直そうと決意し、自ら手を挙げて二度目のアメリカ勤務に臨むことになります。

そして44歳から54歳の10年間にわたる二度目のアメリカ勤務では、フラットな組織文化や自由なコミュニケーションを目の当たりにして、周囲に目を向けることがいかに大切なのか、それが自分自身にとってどれだけ大きな幸福感につながるのか、それらを身をもって学ぶことができました。

帰国した私は、アメリカでの経験を生かして周囲との関わり方を一新し、「利他」を意識するようになりました。そして、それらの行動の積み重ねが職場全体の雰囲気を変え、最終的には組織全体の業績向上に寄与することも実感したのです。

損得で生きていたバブル期の自分を思い出すと、とても恥ずかしく、今でも当時の同僚に会うと謝るほどです。私にとってはまさに「暗黒の時代」でした。

日本とアメリカの「利他」は何が違うのか？

「集団主義」の日本と「個人主義」のアメリカ

こうして私は、二度目のアメリカ勤務を通じて利他について深く考えたわけですが、日本とアメリカでは文化的背景や社会的価値観の違いから、利他心に対する捉え方や表現の方法に異なる特徴があります。

本章の最後に、その違いについて詳しく見ていくことにしましょう。

日本の社会は集団主義的な色合いが濃く、一人ひとりの個性よりも、集団のなかでの役割や義務を果たすことが重要視されます。

個人よりも集団や社会全体の利益を優先する、と言うこともできるでしょう。

利他心は「和」を重んじたり、周囲との協調を大切にしたりする気持ちから生まれ、「他者との調和や社会の一体感を維持するためのもの」として捉えられます。

また日本では、利他心はしばしば「恩」や「義理」とも結びついています。

「人に助けられたらしっかりと恩返しをしなさい」とか、「社会の一員である以上、自分の役割を果たしなさい」といったことは、誰もが一度は教えられます。

利他的な行動も、こうした教育から生まれる義務感や責任感、そして時には社会的圧力から生じるものが多いようです。

他方、アメリカでは、「自由意志」を重んじる個人主義が社会全体に根付いており、利他的な行動は個人的な価値観やモチベーション、道徳的選択として行われることが多いようです。日本のように、周囲との協調という側面から生まれる行動ではなく、ここは日米の最も大きな違いと言えます。

さらに、アメリカでは個人の成功や自己実現が非常に重要視される一方で、それを成し遂げた人による「返済行動」や「恩返し」としての利他の行動もよく見られます。

「控えめがよし」とされる日本、自己アピールするアメリカ

日本人は主に職場、家族、友人、地域社会など、自分の身近な人々や自分が属するコミュニティに対して利他心を発揮することが多いようです。そこで目的となるのは、互いに助け合うことで集団の安定を維持すること。

これは、先ほどお伝えした集団主義からきています。

また、日本人はもともと控えめな行動を好み、目立たない形で行われる人助けをよしとする傾向が強いと言えます。感謝されることを期待するのは品のない行動であり、よって自己犠牲的な態度も多く見られることになります。

一方、アメリカ人の利他の行動における対象は比較的広く、国際的なチャリティ活動など、自分とは直接つながりのない人々に手を差しのべる人も少なくありません。

そして、寄付活動やボランティアは表だって行われることが多く、その結果を公にアピールしたり、他者からの感謝を積極的に受け入れたりする文化もあります。

利他的な行動が社会的な評価につながることも珍しくありません。


いかがでしょうか？

日本でもアメリカでも、利他心が尊重される点では共通しています。しかし、両国の文化的背景や社会構造の違いから、利他にも多くの点で違いがあることが分かります。

私自身はアメリカ社会で利他心をもつことの素晴らしさに目覚めましたが、無論、日本がダメだと言いたいわけではありません。

日本人特有の「おたがいさま」や「持ちつ持たれつ」という感覚は、今もしっかりと引き継がれていますし、お客様の心地よさや満足を最優先に考える「おもてなし」の精神は全世界から賞賛されています。

一人ひとりが自分らしく、無理なく続けられる。

そんな利他の行動をあなたも見つけられるように、次章からは利他の実践について詳しくお伝えしたいと思います。

第3章

「利他」へのファーストステップ

黄金律は「人に優しい＝自分に優しい」

「自分を満たす」とは？

ここまでお読みいただき、なぜ個人にとっても、企業にとっても、社会にとっても利他的な行動が必要なのか、お分かりいただけたのではないかと思います。

とはいえ、「自分が精一杯なときに他人のために頑張る気持ちにはなれない」という気持ちになるのも、人間にとっては自然なことだといえます。どんな人であっても、自分の心が満たされていなければ、人のために動くのは難しいものです。

自分を卑下したり雑に扱ったりしながら他者を心からリスペクトし、他者のために動くことには少なからず無理があり、黙っていても持続可能なものではありません。

自分を満たせば自分に優しくなる。

自分に優しくなれば周りの人にも優しくなり、「優しさの循環」が生まれる。

これは、間違いなく黄金律だと言えるでしょう。

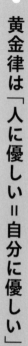

では、「満たされている人」とはどのような人のことを言うのでしょうか？

もちろん、経済的、時間的に余裕のある人、家族や友人に恵まれている人といった観点もあるでしょう。

ですが、私は「自己肯定感が高いこと」が非常に重要だと思っています。

自己肯定感が十分に高まっていなければ、仮に困っている人を見かけたとしても、「自分なんかが声をかけたところで……」という思考に陥ってしまい、最初の一歩を踏み出すことが難しくなってしまいます。


自己肯定感を上げるには、小さな達成感を積み重ねていくことが有効です。

そうするとあなたは、「じゃあ、どうすれば達成感を得られるのか？」という疑問を思い浮かべることになります。

この問いに対する答えは何なのか？

実はそれこそが、「利他的な行為をすること」なのです。

利他的な行動を続けることによって達成感が積み重ねられ、自己肯定感が上がって自分自身の心が満たされ、さらに利他の心が強くなっていきます。

利他的な行動から生まれるそうした優しさの循環は、やがて周囲の人も巻き込んで大きな渦となり、結果的にあなたをとりまく社会全体の幸福度を上げてくれます。

自分の心身を丁寧に扱おう

だからといって、あなたも気づいているように、「自己肯定感を上げるには利他的な行動をするべき」というひと言で片づけてしまうと、どこまでいっても「鶏が先か、卵が先か？」という問題から抜け出せなくなってしまいます。

この問題を解決するために、ここでは自己肯定感を上げる別の方法について詳しく見ていくことにしたいと思います。

ひとつには、日常生活のなかで自分自身を丁寧に扱うこと。

例えば、自分で作った料理を一人で食べるときでも食事をつくった自分への感謝を込めて「いただきます」と口に出してみること。

実際にやってみると、気持ちに小さな変化が生まれるはずです。

このとき自分のなかに生じたささやかな満足感や幸福感が、次第に他人への優しさにつながっていくはずだと私は信じています。

それ以外にも、私は以下のようなことに気をつけて生活しています。

- 自分の感情は、ポジティブなものもネガティブなものも同じように認める。
- 不安や悲しみ、怒り、妬み、ストレスを感じたときも、否定せずに受け入れる。
- いやなことや気が乗らないことは、迷わず「NO」と断る。
- 失敗したときには、自分を責めるのではなく成長の種と捉える。
- 大切な人たちと一緒に過ごす時間をつくる。
- リフレッシュの時間をとる。
- 十分な睡眠をとる。
- おいしいものを食べる。
- 自分が好きなことをして過ごす。

条件がそろわなければ実践が難しいこともあるかもしれませんが、こうした要素を日々の生活に取り入れることができれば、自ずと心は満たされていくものです。

事柄によっては「ただのわがままだ」と感じる方もいるかもしれませんが、他者を無視したり傷つけたりして自分を優先することと、自分を大切にすることとは決して同じではありません。こうして自分自身を大切にすることが、結果的に他者に優しく、寛容であることにつながっていくのです。

私はいつも、「利他の行動は無理のない範囲で」とお伝えしています。

他者のために無理をした結果、自分自身が笑顔でいられなくなってしまうことも、少なからず起こってしまうからです。そんなときは一度立ち止まることが必要です。

自分を大切にしてこそ、他者を大切にすることができる。

これが黄金律であることを忘れずに、自分をケアしながら歩んでください。

自分の「棚卸し」をしてみよう

利他的行動の資源となる「自分の価値」を知ろう

自分を見つめ直し、根本から自己肯定感を上げていきたいという方に、私はいつも「あなたの価値は何ですか？」と聞くようにしています。

これまでたくさんの方にこの質問をしてきました。

しかし、すぐに答えることができない方がほとんどでした。

人の価値とは「その人がしてきた経験」だと私は思っています。なぜなら、個人の経験とは、その人だけが経験した唯一無二のものだからです。

だからこそ、経験が利他的な行動のための「資源」となるのです。


そこであなたに試していただきたいのが、これまでの人生の「棚卸し」。

つまりは、これまでにあなたが経験したことの意味を整理し直すことです。

棚卸しをすることによって、「自分には価値がある」ことを再確認し、自己肯定感を上げることができます。さらには、自分の経験のなかから、誰かの役に立てることを見つけることもできるのです。


「自分には、人に言えるような成果や能力はないから……」

謙遜ないしは躊躇してそう言う人もいますが、ここで書き出していただきたいのは、あくまでもあなたの「経験」です。

他人よりも優れているのかどうか、特筆すべきことなのかどうか、といったことは一切考えずに、これまでの経験を洗い出してみてください。

子どもの頃のことからでも働き始めてからのことでも構いません。

コツややり方というものもありません。自由にどんどん書き出してみてください。大切なのは事実だけでなく、その出来事から学んだことやそのときに感じた気持ちも書き加えることです。

例として、私の「棚卸しメモ」を載せておきましょう。

野口流棚卸しメモ(仕事編)

年代	経験内容	自分の感情(学んだこと)
29〜34歳	アメリカ駐在 (LA)	希望は必ず叶う。努力は嘘をつかない
	●無我夢中の時間	仕事も遊びも徹底的にする
	●長期間、外から見る日本を経験	
34〜44歳	日本での暗黒時代	
	●リーダーとしての初仕事	人に仕事を任せる大切さ(大失敗)
	●プロジェクトの失敗	計画、実行の情報共有ができず失敗
	●激務により体調不良	連日の激務により2週間の入院
	●気持ちの余裕がない状況	信頼感をもって、チームをまとめる大切さ
44〜54歳	アメリカ駐在(シカゴ)	仕事への新たな向き合い方
	●リーダーのふるまい	常にメンバーを敬い、信頼する
	●自分の仕事の仕方	時間をかけない仕事の仕方を会得
	●人材の育成	上からではなく、自主性を尊重する
54〜61歳	大きな部門のトップ時代	アメリカのよい経験を移植
	●改革プロジェクトの成功	地道な努力とチームワーク
	●リーダーの導き方	大きな組織、小さなチームでの動き方
	●コミュニケーション改革	会議方法の改革、面談機会の創出
	●フラットな組織作り	声がけ、机の配置、朝会の実施

野口流棚卸しメモ（プライベート編）

年代	経験内容	自分の感情（学んだこと）
29～34歳	アメリカ駐在（LA）	80年代の憧れの西海岸へ
	●4回の引越しを経験	アメリカの賃貸不動産事情
	●1歳の長女の子育て	未就学児の教育
	●出産の立ち会い	アメリカでの出産事情
	●子どもの病院対応	病院での様々な対応
34～44歳	日本での暗黒時代	
	●家族との時間がとれなかった	仕事優先の生活の弊害
	●メンタル不調予防	スポーツと音楽を味方にした
	●週末の過ごし方	とにかく身体を休めることが最優先
	●家族の大切さを実感	忙しいことがよいことになる誤解
44～54歳	アメリカ駐在（シカゴ）	家族との新たな向き合い方
	●家族との時間が大幅に増えた	子ども達の考え、行動を学習
	●運転技術の向上	15年間無事故・無違反の秘訣
	●禁煙成功の方法	48歳で禁煙し、成功した理由
	●海外生活のメンタル	ポジティブ・シンキングの勧め
	●アメリカ国内の出張	ほとんどの都市への出張機会
	●米人とのつき合い方	公私ともにリスペクトする家族とのつき合い
	●ゴルフ、ボウリング、サッカー、音楽などの趣味を徹底できた	
	●学習機会を作る	通信制大学院でMSMBA、PMPを取得

「棚卸しメモ」を見直して、自己肯定感を上げよう

あなただけの「棚卸しメモ」を書くことはできましたか？

書いたあとはぜひ、それを俯瞰して眺めてみてください。自分が思っていた以上にたくさんのことを成し遂げてきたことに気づくはずです。それらが価値あるものだと認識することで、自信や行動する勇気が湧いてくるのではないでしょうか。

日本では、多くの人が自分の人生に対して「たいしたことのない人生だ」、「特別な価値のない人生だ」などと思いがちですが、これまでに経験してきたことは、成功も失敗も含めてすべて、あなたの貴重な財産です。

そして、他の誰でもない、あなただけがもっているその経験こそが、社会において役立つ資源となるのです。

このように考えると、自己肯定感が自然に高まりませんか？

ぜひとも「経験」の意味を再確認し、そこから自信と新しい価値を見出してください。

「棚卸しメモ」のなかから、誰かの役に立てるスキルを探そう

自分の大切な人が何かに悩んでいると想像してみてください。

そしてそれは、あなたもすでに経験していることだとしましょう。

そのとき、あなたは目の前の相手にどう声をかけますか？

あなたが同じ失敗を経験したのであれば、「こうすると失敗するかもしれないよ」と伝えることができます。逆に成功していたのであれば、「自分はこうすることで結果が出たよ」と成功のコツを伝えることができます。

このように、あなたが経験を通して学んだことや得た知識は、今まさに悩んでいる人たちにとっての、非常に価値のあるアドバイスとなるのです。

どんな結果だったとしても、その結果に至った理由があり、あなたはすでにそれを語れるということに自信をもってください。

私は会社勤めをしていたとき「お助けマン」と呼ばれていました。

同僚や友人たちは、困ったことが起きるたび、駆け込み寺のように私のところへ相談を

持ちかけてくるのです。

そこで私は、彼らの悩みが少しでも解決に向かうように支援をしていたのですが、そのときに資源として使っていたのが、まさに「自分自身の経験」でした。

例えば、海外赴任をしたことで、アメリカの不動産事情について詳しくならざるを得ませんでした。これは、これからアメリカに駐在する人の役に立ててもらうことができます。また禁煙に成功した経験を思い出せば、これから禁煙したい人へ向けてのアドバイスができますし、子育てに関する経験談も父親としてどうすればよいのかと悩んでおられる方にとってはニーズがあるかもしれません。

激務続きで体を壊したり、家族との距離ができてしまったりしてつらかった時期の経験も、失敗談として忙しいビジネスパーソンにお伝えできることはありそうです。

そのような視点で「棚卸しメモ」を見直せば、「自分にも誰かのためにできることがたくさんあるかもしれない」と気持ちが変わってくるはずです。

そして、私があなたに期待しているのはそうした感情の変化にほかなりません。

「報酬を得たい」という気持ちはいったん手放して

自分の経験に自信をもつようになると、「アドバイザーとして収入を得たい」という気持ちが出てくる人もいます。もちろん、自信をもつのは悪いことではありません。

しかしそれは、ビジネスであって利他の行動ではありません。

あなたが純粋に利他の心から自身の経験を誰かの役に立てたいと思うのであれば、ここでは報酬のことは忘れてください。

先ほどもお伝えした通り、人生は「ギブ＆ギブ」だと私は考えています。

相手が問題を解決して喜んでいる姿を見たとき、同じくあなた自身も喜びを感じ、自然と自己肯定感が高まります。そんな「テイク」が少しでもあるならば、金銭的な報酬が得られなくても十分ではないでしょうか？

利他的行動への第一歩を踏み出すには？

自分の行動を起点に「利他」への第一歩へ

日々の生活のなかで、自分の心身を丁寧に扱ったり、「棚卸し」をして自分の価値を見直したりすることができれば自己肯定感が上がり、自然と利他的な行動の第一歩を踏み出すことができます。

ただ、最初の一歩として「大規模な社会貢献に挑戦しよう」などと考えてしまうと、なかなか踏み出すことができなくなってしまいます。

つまり、最初のハードルは低ければ低いほうがいいわけです。

挑戦というものは何でも同じで、最初の一歩をどう踏み出すかが大切です。

その一歩はどんなに小さなものでも、自分を騙した結果でも、大げさに持ち上げた結果でも構いません。とにかく、半歩でも前に足を出すことが大切なのです。

早朝の散歩を日課にしようとしている人を例にして考えてみましょう。

真冬であれば、起きて窓から外を見たときに「今日は寒いしやめておこうかな」と思うこともありますよね。でも、そんなときこそ「とりあえず一歩外に出てみよう」と思って外に出るのです。その一歩を踏み出した瞬間、散歩はもう成功しています。

そして、そんな毎朝の一歩の繰り返しが「日課」となるのです。

この勇気は、特別な人だけでなく、誰もが持ち合わせています。

違いがあるとすれば、それを「出すか出さないか」だけ。

決して難しいことではありません。「試しにやってみよう」という気持ちで積極的に一歩を踏み出してみてください。

「もしも、うまくいかなかったらどうするの？」という質問が寄せられます。

そのたびに私は、次のように答えています。

「次の一歩を踏み出してください」

一歩ずつ進めば、いつか必ず、うまくいく瞬間が訪れます。

そのときにはきっと、「よいことをしたな」「優しい気持ちになれたな」と感じて、心が温かくなるでしょう。そうした心の温かさこそが、行動した人だけに与えられる「豊かさ」

であり、「優しさの循環」に入るための原動力になるのです。

誰かの行動を起点に「利他」への第一歩へ

誰かに優しくされた経験や、誰かの利他に触れたことがきっかけで、自然と優しい気持ちになり、自分も一歩踏み出せることがあります。

例えば、バスや電車で席を譲っている人や、道に落ちているゴミを拾っている人を見かけたときに、自分も自然と真似したくなったという経験はありませんか？

優しさは伝播するものなので、それがきっかけで自分も最初の一歩を踏み出せた。そんなケースも十分に考えられます。

私の知人は、用事があって役所に行った際、親切に笑顔で対応してもらったことでよい気分になり、その日は自分も周囲に優しい気持ちで接することができたと、実に楽しそうに話してくれました。これもよい例だと言えます。

その意味では、自分自身が誰かを「優しさの循環」に呼び込むこともあり得ます。

以前、飛行機を降りるときに、乗務員さんに感謝の気持ちを込めて、笑顔でお礼を伝えたところ、「あなたの笑顔が次のフライトでお客さんに笑顔を届ける力になる」と言っていただいたことがあります。

また、コンビニエンスストアの店員さんが実にテキパキと作業をしてくれたので、嬉しくなって「ありがとう！」と伝えたところ、店員さんがとてもよい笑顔を返してくれたことがありました。

こうした一瞬のやりとりは、私を優しい気持ちにしてくれただけでなく、相手にも優しさが届き、次のよいサービスにつながったことと思います。

誰かの優しさが起点となり、全体がうまくいくような循環が生まれる。

こうした「優しさの循環」を大切にしたいものです。

それでも利他心をもてないときは？

必要なのは、ほんの少しの心の余裕

自己肯定感を高め、利他の心をもって「優しさの循環」をつくりだすことは決して難しいことではない、とご理解いただけたかと思います。

それでもやはり、「でも僕なんて……」とか、「野口さんだからできるんでしょう」という声が聞こえてくることもあります。

経済的に余裕がない。

悩みや苦しみを抱えている。

いつも自分を苛立たせる相手がいて利他どころではない。

そんな風に「できない理由」ばかりをあげてくる方もなかにはいます。

たしかに私たちの日常は、大小様々なトラブルで溢れかえっています。

そんなときに「周りのために」と言われても……と思う方も少なくないでしょう。

それでも、と私は思います。

どのような状況であれ、ほんの少しだけ心に余裕をもつことができれば、誰にでも利他心をもつことはできるものです。ただ、それにはちょっとしたコツが必要です。ここでは、そのコツをお伝えしましょう。

まずは、対象から距離を置くこと

何かモヤモヤすることがあったり、カチンとくることを言われたりしたときには、対象となる事柄や人から少し離れてください。

これを「一拍置く」と言い換えることもできます。

特に対人関係で問題が起きたときにはすぐに反応するのではなく、一拍置く癖をつけることが大切です。その一拍が、「自分の発言で相手がどう思うのか？」と考える余裕を与え、行動に複数の選択肢が生まれます。

同様に、カチンとくるようなメールを受け取ったときも、すぐに返信しないほうが望ましいと言えます。一晩おいて読みなおすと、意外と腹が立たなかったり、相手の気持ちを汲めるようになったりするものです。

実際に、アンガーマネジメントの分野でも、「かっとなったときには6秒過ぎるのを待て」というセオリーがあります。


そして一拍置くときには、次のような行動をおすすめします。

深呼吸

深呼吸は自律神経を整えてくれるため短時間で冷静さを取り戻すことができます。

笑顔をつくる

会社員時代、私はよく部下に「嫌なことがあったら、トイレに行って、鏡の前で笑顔をつくってみてください」などと言ったものです。無理にでも口角を上げることで気持ちが落ち着き、余裕が生まれます。

大切な人の写真を見る

私の知人は、スマホにわが子の写真を入れておいて、かっとなったときには必ずそれを眺めることにしているそうです。これもよいアイデアです。

視点を変えてみる

自分の視点からいったん離れてみると、先入観や思い込みにとらわれていることに気づくことがあります。「あの人から自分はどう見えたのだろう？」と相手の目線になってみたり、状況を俯瞰してみたりすると気持ちが収まり、利他的な発想が生まれるかもしれません。

「自分にはできる」というイメージをもつ

私はいつも「自分には必ずできる」というイメージをもつよう心がけています。

もちろん、イメージしたところでできない場合も少なくありません。

それでも、できるというイメージをもつことで、「どうやったらできるんだろう？」さらには「どうやったら楽しくできるようになるんだろう」と考えを深く掘り下げ、試行錯誤を重ねるようになるものです。

そしてそのことが、行動を起こすモチベーションにつながります。

モチベーションには、「悔しいから見返してやりたい」という負の気持ちから生じるものもあります。負けん気のようなものがそれに該当します。

そのようなモチベーションで行動していると、必ずどこかに無理が生じてきます。私自身も第2章でお伝えしたように、「暗黒時代」には「他人に負けたくない」という負のモチベーションで動いていたため、心身ともに無理がたたってダウンしました。

生涯を通して利他の行動を積み重ねていくのであれば無理は絶対に禁物です。

持続可能なモチベーション、つまり「どうやったら楽しくできるんだろう」というポジティブな思いを原動力にすることが大切です。

「迷ったらやる！」を心がけよう

私たちの誰もが、「やるべきか、やらざるべきか」と迷う瞬間に直面します。

もちろん、私自身も例外ではありません。そんなときに私を支えてくれる味方が、「迷ったらやる」というシンプルな思考です。

とはいえ、この言葉には非常に深い意味が込められています。

例えば、困っている人を見かけたときに、声をかけるべきかどうか迷う。

そんなときにはあれこれ考える前に声をかけてみるわけです。地域コミュニティの活動に参加するかどうか迷ったときも、まずは参加してみる。それが新しい可能性を開き、社会貢献という利他への第一歩となります。

声をかけた相手から断られたら、別の方法を考えればいいのです。

万が一、手を貸して失敗したとしても、間違いなくそれは次のチャレンジのための学びとなり、経験としてあなたの糧になります。

もし、自分一人では対応できないと分かれば、他の人の力を借りるのもありです。何よりも避けるべきなのは、何もせずに立ち止まってしまうことです。

しない後悔よりもする後悔。行動した結果の後悔は一瞬です。それを次に活かし、あなた自身の経験の価値を高めていけばよいのです。

第4章

自分にできる「利他」を探す

「社会貢献」への第一歩は身近なことから

基本は「相手を笑顔にする」こと

どんなに小さなことであっても、相手を思う気持ちから行われたのであれば、それは立派な利他の行動である、ということをお伝えしてきました。

「それだけでは物足りない、ぜひもっと社会貢献を！」

そう思っていただけるのならば、ぜひとも本章を読み尽くしてください。

一口に「社会貢献」といっても対象は様々です。まずは自分の身の回りに目を向けてみましょう。特別なスキルや経験、時間などを必要としない小さなことでも、相手を笑顔にできるのであれば、それは立派な社会貢献です。

大切なのは、自分から始めること。

「自分が損をすることになるのでは？」などという考え方は捨てて、「誰かのために何かをすることで自分も満たされる」と信じてください。くり返し見てきたように、小さな行動の積み重ねが他者や社会に大きな影響を与える可能性があるのです。

日常のあいさつや声かけによる利他

あいさつは誰にでも簡単にできることです。

まずは、自分から積極的にあいさつをしてください。それによって、周囲の人との交流や信頼関係を深めることができます。

気をつけなければならないのは、「自分は立場や年齢が上なんだから、下の人から先にあいさつすべきだ」などという意識をもつことです。上司だろうと年上だろうと、自分から積極的にあいさつをするに越したことはありません。上下関係であいさつの順番を決めようという発想自体、利他の心ではありません。

さらに、スーパーやコンビニ、レストランなどの店員の方、公共サービスの窓口の方などへの「ありがとうございます」も威力を発揮します。私はバスの運転士さんやトイレの清掃員さんなどへのお礼を欠かさず口にしています。

よいサービスに対して、自分から率先して感謝の気持ちを伝えることで、言われた相手は笑顔になり、もっとよいサービスを提供したいと思うようになります。

場合によっては、お店から特別サービスが出てくるかもしれません（笑）。

「お客様は神様」だという考えに固執していては、よい循環は生まれません。

自分の時間や労力をシェアする

道に迷っている人や困っている人を見かけたら積極的に声をかけましょう。

重そうな荷物を持っている人、高齢者や妊婦さんなどに出会ったらなおさらです。また、障がいをお持ちの方にもぜひ声をかけてください。『大丈夫です』と言われたらどうしよう」と迷うかもしれませんが、断られたらそっと見守っていればいいのです。それだけでも十分に利他的な行為なのですから。

私は駅の階段の前で困っているベビーカーのお母さんによく遭遇します。

そんなときには必ず、「お手伝いしますよ」と笑顔で語りかけ、ベビーカーを抱えて階段を上り下りするようにしています。

家庭でできる社会貢献

家族は無条件であなたの味方

家族と一緒に暮らしていると、朝目覚めるときも夜眠るときも、そこには見慣れた家族の姿があるはずです。あなたは自分自身の基盤、つまり自分を支える最も大切な土台である家庭内で、常日頃から小さな気づかいを示したり、心からの「ありがとう」という言葉で感謝の気持ちを表したりしていますか？

家族はあなたの最初のファンであり、無条件の味方です。外の世界でどんな困難があっても、家に帰れば家族が支えてくれる。実はこれほど心強いことはないのです。

そんな大切な家族を不安にさせないためにも、家庭のなかだからこそ、小さな利他を積み重ねていきましょう。これこそ家族の絆を深めるカギであり、家族全員が幸せに暮らすための基本です。

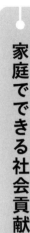

「お前！」と呼んでいませんか？

家族関係を良好に保つためには、パートナーであってもわが子であっても、一人の人間として尊重することが大切です。

まずは、次のような小さな一歩から始めてみてはいかがでしょう。

敬意を込めて呼ぶ

パートナーやわが子に対して、「お前」や「おい！」と呼ぶ方もいます。しかし、そう呼ばれた相手は喜んでいるのでしょうか？　もし、あなたがそう呼ばれたら、見下されているように感じませんか？

私の知人は、子どもたちを呼び捨てにすることをやめて、「ちゃん」や「くん」を付けて呼ぶように心がけた結果、親子関係が大きく改善したと話してくれました。

小さなことではありますが、ちょっとした呼び方の変化が絆を深めるきっかけになることもあるのです。

家事を分担する

食器の片付け、水まわりの掃除、クリーナーを用いた掃除など、分担できる家事はたくさんあります。よく、「手伝ってあげる」「やってあげる」という人がいますが、そのような発言からは「本来、自分は家事などをする立場の人間ではないのだが、仕方がないから手を貸してやっている」という上下関係がにじみ出ています。

言うまでもなく、「やってあげる」のではなく「一緒にやる」。そのスタンスを常に忘れないことが大切です。

家庭内で使いたい言葉、使ってはいけない言葉

家庭内でのハラスメントも話題になる昨今。

もちろん、あなたも十分にご承知のこととは思いますが、家庭内だからこそ絶対に使ってはいけない言葉や言い回しもあります。

たくさん使いたい言葉と合わせてリストアップしてみました。

家庭内で使いたい言葉や表現

ありがとう、おかげさま、お互いさま

相手に感謝を示す言葉は家族だからこそ忘れがちです。どんどん使いましょう。

家庭内で使ってはいけない言葉や表現

「お前」といった乱暴な呼び方
「男のくせに、女のくせに」という性別による差別表現
「自分の方が稼いでいるのだから」と経済力でマウントを取る表現
「飯、風呂」などの名詞を並べただけの依頼
「～してあげる」という恩着せがましい言い方

ひとつでも心当たりがあれば、今すぐに使うのを止めましょう。

口にはしないだけで、家族は少なからず不満をもっています。

あるいは、あなたのなかに利他の心が備わっているとしても、家族はその気持ちに触れることができなくなっています。

仕事を通して生まれる「優しさの循環」

家庭の少し外側にある「社会」といえば職場です。「働く」という言葉には「生計を立てるために動くこと」というニュアンスが多く含まれているかもしれません。

ほとんどの人が働くことで収入を得て、日々の生活を成り立たせています。よって、生きるために働くという考え方が生まれてくるのは自然な流れと言えます。

しかし、「働く」という言葉にはもっと深い意味が含まれています。

「働」という漢字は「人が動く」と書きます。ここには「周りの人や社会に貢献するために自分が動く」という意味が含まれています。

また、「はたらく」とひらがなで書くと、「はた」と「らく」に分かれます。

そう、「働く」という言葉には「傍（はた＝周りの人）を楽（らく）にする」、つまり「自分が動くことで周囲の人が楽になる」という意味が込められているのです。

私たちは仕事を通して、社会全体に貢献しています。

自分が一生懸命に働くことで、誰かの負担が軽くなり、誰かが助かる。だからこそ、「働く」という行為は、それ自体がすでに利他の行為なのです。

「働くこと」から生まれる循環

自分が働くことで誰かが助かったその瞬間、自分も満たされやりがいを感じます。それこそが働くことの喜びであり、私たちが本当に求めているものだと言えます。

例えば、あなたが開発したサービスが誰かを助け、あなたのサービスの恩恵を受けた誰かから感謝されるとしましょう。そうすると、あなたは嬉しくなり、もっと優れたサービスを提供したくなります。それは社会をさらによくすると同時に、会社全体の成功にも結びつくことでしょう。

また、職場でのあなたの行動が、誰かの仕事を少しでも楽にしたり、職場の問題を解決したりすると、同僚は感謝の気持ちでいっぱいになるはずです。

そんな「ありがとう」が、あなたの心にもしっかりと響き、さらに頑張ろうという気持ちになることもあるでしょう。

もっと小さなことでも構いません。

あなたが生き生きと働く姿が通りがかりの人の気持ちを元気にする、ということも十分に起こり得ます。

自分でも満足できるような「よい仕事」をしていれば、周りは必ず見ています。

そして、それは必ず結果につながります。その一方、「出世したい」という一心で働いていると、いつのまにか判断基準が「損得」になってしまい、気づけば利他から遠く離れてしまいます。

高い給料をもらうことも大切ですが、その過程で自分が周りの人の生活や気持ちを豊かにし、その結果として感謝される。それがさらに次の貢献につながる。

そんな好循環を生み出すことが、「働く」ことの真の喜びなのです。

ビジネスは「ギブ」ありきで

とはいえ、ビジネスはお金が動かないと成立しません。

だから、「まずは儲かるかどうかから考えるべきだ」という人も少なからずいます。でも、考えてみてください。人がお金を払うのは「価値」に対してです。

第2章でお伝えした通り、私は二度のアメリカ勤務で、アメリカ流のビジネスを学びました。アメリカといえば「ギブ＆テイク」が基本だと誤解されがちですが、「ギブが先」だという考え方が本当に徹底されています。

世界に名を轟かせるＩＴ関連企業に投資する投資家も、企業に対して最初に問うのは、「あなたたちは社会のために何ができますか？」ということです。

社会に対するギブがあって初めて、ビジネスが成り立つ。

その事実を深く理解しているからです。

その一方で、「このマーケットはどのぐらい儲かるか」という「テイク」ばかりを考えて参入する日本企業は、おしなべて失敗を繰り返しています。そこで私のように「ギブから考えよう」と提案すると、「あいつは面倒だから、出世を遅らせよう」と言われてしまうわけです。

しかし、結果は必ず後からついてきます。

ビジネスは、最初に儲けることばかり考える人が勝つのではありません。

そうではなくて、先に価値を提供できる人が勝つのです。「価値」こそが「勝ち」。そんなダジャレで覚えておいてください（笑）。

大きな楽しみにもつながる地域への貢献

地域活動＝面倒くさい？

家庭から外に目を向けると、職場とともに地域社会の存在があります。日本の地域社会には、昔から「共助」の精神が強く根付いていました。例えば、農村地域では、お互いに助けあいながら農作業や雪かきを行い、近隣の人が困っていれば協力しあう習慣があります。

都市部でも、地域清掃やゴミ置き場の管理など、環境を整えるための活動が住民の手によって、随所で行われています。

ただ、そのような地域活動について見聞きするだけだと、正直なところ「なんだか面倒くさそうだな」と思う方も多いのではないでしょうか。

特に都市部に住む男性には参加自体を避けてしまう人が多いようですし、その結果、こうした活動に関わるのは女性が多いという声もよく耳にします。

実は、地域活動も小さなことから始めればよいと私は考えています。

地元の商店や農家さんの直売所などで買い物をして地域経済を支えることも立派な利他の姿勢です。余裕があるときに、自宅の周りを掃除するついでに、隣の家の前の道路の掃除をするのも十分に利他の行動です。それに気がついた人が「今度は自分がやってみよう」と考えれば、そこからよい連鎖が始まります。

私がシカゴ近郊で生活していたときには、隣近所の人に本当に助けられました。

例えば、重労働である自宅の庭の芝刈り。これは私が担当していたのですが、私が出張に行ってしまうと、1～2週間手付かずになってしまいます。そのようなとき、特にお願いしたわけではないのに隣のご主人が「やるよ！」と宣言をして、我が家の庭まできれいにしてくれていたのです。

そんな「ほんのついでに」の利他にどれだけ救われたことでしょう。

もちろん、地域とのつきあいには、一見すると面倒な部分もあります。

それでも、「自分も地域の役に立っているんだ」と思える瞬間がやってきたとき、案外そこに自分が求めていた「幸せ」のカギが転がっているかもしれません。

町内会やマンション管理組合の理事会への参加

例えば、町内会やマンション管理組合の理事会などに参加してみると、自分たちの地域や建物をどう改善していくのかを話し合う機会があります。

「誰かがやってくれるだろう」と思っていたことに関わり、自分の意見が反映され、少しずつ周囲の環境がよくなっていく。

それだけでも、何だか誇らしくなってきませんか？

この誇らしさは、実際にやってみないと分からない部分があります。

また、これまで顔を合わせたことのなかった近所の方々と親しくなっておくことは、災害対策としても非常に有効です。

私に騙されたと思って、ぜひ面倒くさがらずに一度参加してみてください。

スキルを無償で提供する

無償で知識やスキルを提供することも素晴らしい社会貢献です。

退職したシニア世代が自分の専門を生かして子どもや若者に勉強を教える場などは、非常に重宝されることでしょう。仕事でパソコンを駆使してきた人がパソコン操作に困っている人に手を貸す場なども、あっというまに満席になりそうです。

得意なこと、好きなことで人の役に立てる。そのことが自己肯定感を高め、さらに大きな喜びやワクワク感にもつながっていくものと期待できます。

公共の場で子どもたちにお手本を見せる

大人はぜひ子どもたちにお手本を示す存在でいていただきたいと思います。

例えば、あなたはどんなときでも赤信号を守っていますか？　車が来ていなければ渡ってしまう。そんなことをついついやってはいませんか？

私は車が来ていなくても、赤信号では絶対に渡りません。

それは、地域の子どもたちが見ているかもしれないからです。

今の日本では、「大人がやっているのだから、子どもだってやってもいいでしょう？」といったところからルールが乱れているような気がしてなりません。

その他にも、店員さんに横柄な態度をとっていないか、歩きスマホで周囲に迷惑をかけていないか、自動ドアや自動改札で相手を優先しているか……など、自分の日頃の行動を思い返してみてください。

公共の場でのほんのちょっとしたふるまいが、子どもたちにとってはよくも悪くも「お手本」となってしまいます。

裏を返せば、「子どもたちにしっかりと背中を見せることができた」と自信をもてるふるまいができることは、目の前の大人への利他だけでなく、地域の子どもたちへのさらに大きな利他的行動だと私は思っています。

夏祭りや盆踊り、運動会などの手伝い

町内会や子供会が主催するお祭りなどの手伝いは、知っている人がいない場合にはハードルが高く感じられるかもしれません。

それでも、あいさつ程度の関係だった方々と一緒に作業をすることで、予想以上に親交が深まることもあります。私の知人には、はじめは渋々参加したものの、今では屋台で焼きそばを焼きながら、近所の子どもたちとコミュニケーションを取ることにすっかりはまってしまった、という人もいるほどです。

こうした活動を通して「貢献している」という実感が積み重なると、単に幸福感や充実感が高まるだけでなく、その地域に住むことが誇りに思える。そんな効果さえも期待できるかもしれません。

そうなれば、あなたはさらに大きな「テイク」を得たことになります。

次世代を育てることも利他的行動のひとつ

トップダウン型はもう古い

会社の部下や学生時代の後輩、地域活動をともにする若手など、若い世代にあなたの知識や経験を伝え、成長を見守りながら育てていくこと。

これは未来をつくるための行動であり、まさに利他の世界そのものです。

そこで大切になってくるのが、指導する側の考えや価値観を押し付けないことです。

かつては「俺の言う通りにやれ！」というトップダウンのスタイルが主流でした。

特に50代以上の世代には「自分の言う通りにやればうまくいく」という信念をもち、自分の経験や知識に基づいて指示を出し、それに従わせることが正しい指導だと今も疑わない指導者が少なくありません。

しかし、そのようなアプローチでは、相手の自主性や成長を阻害してしまいます。

昨今は、「72％の日本人が仕事や職場に対して不満を感じている」というデータも存在しますが（「２０２３年版　ギャラップ職場の従業員意識調査：日本の職場の現状　リーダーのための5つの洞察」より）、そうした現状も古いタイプのリーダーに原因があるのかもしれません。

私たちが目指すべきは、一方的に命令するのではなく、相手の自主性を引き出し、可能性を広げるための指導、いわゆる欧米型のアプローチです。

日本のスポーツ界を眺めても、かつては世界に肩を並べて戦うこと自体が難しかった競技が、今では通用するようになっています。

やり投げやバレーボール、バスケットボールなど、日本人が世界のトップレベルで活躍しているスポーツも、育成方法を変えたからこそ成功しているのです。

子育ても「利他心」を意識して

このような考え方は家庭でも同じです。子どもたちが自分のやりたいことを見つけ、追求できるようにすることが、親の大切な役割です。

親の期待を押し付けるのではなく、子ども自身の個性や興味を尊重する。

そうすることで子どもたちは自信をもち、誰の押し付けでもない自分らしい人生を歩んでいくことができるのです。

また、子どもたちの声のトーンや表情の変化等の小さなサインから、「もしかしたら元気がないのではないか？」「悩み事を抱えているのではないか？」と感じ取ることも大切です。何かを感じたときには積極的に一声をかけましょう。子どもたちの方から話してくれるのを待ってはいけません。

あなたの積極的な行動が、大きな問題から子どもを救う一歩になるのです。

利他の精神に基づく子育てや指導・育成は、あなたよりもむしろ、相手に大きなエネルギーをもたらします。つまり、上司が部下を、また親が子どもたちを信頼し、リスペクトし、あるいは、部下や後輩の声を聞き、成長を真剣にサポートしながら、その成功を心がら願うことで、育てられる側は自然と自己肯定感やモチベーションが高まります。そして、育てる側もその成長を見守ることで、大きな達成感と充実感を得ることができるのです。

ダイレクトな社会貢献にも挑戦を

小さな「ギブ」から始めよう

ここまで「社会貢献」へのステップとして、家庭、職場、地域社会、そして子どもや若い世代に対する利他の行動についてお伝えしてきました。

ここからは、直接的な社会貢献について考えてみましょう。

定年世代に突入して、仕事上での役割が変わったとしても、社会の役に立つ機会はたくさんあります。70代になった私など、「社会にギブすること」を定年後の新しい活動のひとつだと捉えているほどです。

とはいえ、くり返しお伝えしているように、社会貢献という言葉には一定の高さのハードルが設定されているように見えてしまいます。

それが最初の一歩を鈍らせてしまう現実もよくよく理解しています。

だからこそ、自分自身の地位向上や見栄などの損得などではなく、どこかの誰かが笑顔になることを嬉しく思う気持ちが大切なのです。

多額の寄付をしたり、大がかりなボランティア活動に参加したりはできなくても、自分のできる範囲で、少しずつ始めてみてください。小さな一歩であっても、それが利他の心から生まれたものであれば、少しずつ積み重なり、いつの日か大きな貢献につながります。

あなたが定年世代であれば、自分の経験や時間を使って社会に「ギブ」することで、人生に新たな目的を見つけることもできるでしょう。それはきっと、充実した第二の人生を送るためのカギとなるに違いありません。

ボランティア活動に参加してみる

恵まれない子どもたちへの支援、紛争地域への支援、地球環境の保護活動、保護犬・猫の譲渡活動、生活困窮者のサポートなど、日本では政府が支援すべきではないかと思われる活動でも、民間が担っているケースが多く見られます。

また、震災や台風などが発生すると、まさに手弁当で被災地へ駆けつける人たちもたくさんいます。今や、ボランティアの力なしには復旧の足がかりがないと言っても過言ではないでしょう。

他にも、老人ホームや障がい者施設への訪問、子ども食堂の運営、地域の清掃など、多くのことがボランティアによって支えられています。

最初の一歩は勇気がいるかもしれませんが、一度参加してみると、目に映る景色が確実に変わってきます。まずは身近なところで一歩を踏み出してみてください。

寄付・クラウドファンディング

ボランティア活動は、時間を割かねばならないこと、場合によっては一定の体力が必要になること、また、遠方であれば交通手段を確保しなければならないことなど、必ずしもハードルの低い活動とは言えません。

体を使ってそのような活動に関わることはもちろん立派なことですが、難しければ寄付という形でサポートをすることもできます。

「年金生活者ですが、毎月１０００円だけ寄付しています」という声や、「スーパーマーケットのレジの横にある募金箱に必ずおつりを入れるようにしています」という声を聞いたことがあります。駅前での赤い羽根共同募金などの募金箱に必ず小銭を入れる人も少なくありません。このように、寄付は無理をして行うものではなく、自分のできる範囲で行うことが大切です。

また、昨今ではインターネットで支援者を募るクラウドファンディングが盛んで、多くの人がこの仕組みを使って社会貢献をしています。このような活動を立ち上げる方々の志には尊いものがありますが、リターンを求めての参加には、純粋な利他とは言い切れない側面もあります。

もちろん、参加の方法は人それぞれですが、私は友人がクラウドファンディングを行う場合は、「リターンは不要」として参加することにしています。そうすることで、寄付と同じく、利他的な行動となると考えるからです。

ただ、自身の趣味の活動資金を補うために、または自社の商品を宣伝するために、クラウドファンディングを立ち上げる方もいます。

それは明らかに、利他的な行動とは方向性が異なります。

重要なのは、自分が社会にどのように貢献したいのか、どのような形で他の誰かに「ギブ」をしたいのか、きちんと考えて寄付先を選ぶことだと言えます。

チャリティーイベントへの参加

マラソン大会や音楽イベントなど参加費の一部が寄付金として使われるイベントも各地で頻繁に行われています。

趣味の活動を楽しむことと、社会貢献とを両立させることができるなら、これほど嬉しいことはありません。例えば、趣味に関するイベント等に参加したいと思って、インターネットで検索する機会があれば、検索条件に「チャリティー」というワードを加えてみてください。

もしかしたら、そこから始まる社会貢献があるかもしれません。

献血・臓器提供

献血や臓器提供などは、他者の命を救うために行われる利他のひとつです。

都市部では大きな駅の近くに献血ルームが開設されており、時間さえあれば誰でも気軽に立ち寄れるようになっています。あるいは、定期的に献血バスが巡回してくるエリアもあるので、すでに経験のある方もたくさんいらっしゃることでしょう。一度献血をすると個人情報が登録され、今後の実施場所や日時のお知らせが届くようになるので、気持ちのハードルも下がるかと思います。

臓器提供に関する意識も少しずつ高まっており、意思表示カードを持ち歩いている人も最近では増えました。こうした「他者のために命を分かち合う」という行為は、簡単でありながらも、究極の利他的行動と言えるでしょう。

第5章

組織のなかで「利他心」を活かす

「タテ」ではなく「ヨコ」の関係をつくる

部下を切り捨てる上司、上司に声をかけない部下

タテではなくヨコの関係をつくる。

この考え方は、日本の社会やビジネスシーンにおいて大きな意味をもっています。本章ではまず、「ヨコの関係」の構築が利他の実践においていかに重要であるのかを、深く掘り下げていくことにします。

何よりも、上下関係の文化が根強い日本社会において、上下の関係が利他の精神を阻害していることに気づくことが大切です。

例えば、上下関係が強調されると、上司と部下の間に見えない壁ができ、お互いが自然に助け合うことが難しくなります。つまり、第1章でお伝えした心理的安全性が構築されなくなるわけです。

こうした組織にいると、悩んでいる部下に気づいた上司が「部下というのは上司の思い

通りに動かすもの。手を貸す必要などない」と一方的に切り捨ててしまったり、困っている上司に気づいた部下が「そんなことをしたら失礼にあたるのではないか」「むしろ余計なお世話だと叱られるのではないか」などと躊躇してしまったりして、組織全体として利他の精神を発揮できなくなってしまいます。

そして、そのような状況が定着してしまうと、「誰かに優しくされたことが嬉しくて自分も誰かに優しくしたくなる」といった優しさの循環が生まれる可能性は限りなくゼロに近づき、職場環境は誰にとってもストレスフルなものになってしまいます。

部下だけでなく、上司も強いストレスを感じるわけです。

職位や年齢が異なっても、人間としての対等な関係を築くことで、利他的な行動が自然と生まれる土壌ができる。これはどのような職場においても当てはまる、普遍の法則といっても差し支えありません。

利他心を妨げる「下請け」という概念

あまり深く考えることなく「下請け業者」という言葉を使う方がいます。

この「下請け」という言葉は、「お客様は神様です」というフレーズに象徴される、日本人独特の精神から生まれたものです。「発注者が常に上位に立ち、受注者は指示に従うだけ」という構図が前提になっています。

本来、発注者と受注者はビジネスパートナー＝ヨコの関係であるべきなのですが、それとは逆の、タテの関係であることが強調される言葉とも言えます。

しかし、タテの関係では双方にとってよい仕事をすることが難しくなります。

当たり前の話ですが、部品がなければメーカーは商品を作ることはできません。

つまり、部品供給会社はメーカーの重要なビジネスパートナーです。それなのに、メーカーが部品供給会社に無理難題を吹っかけるようであれば、それはタテの関係に陥っていることを意味しています。

対等なパートナーシップ＝ヨコの関係を築くことで、相手を思う気持ちが生まれ、お互いが利他の心をもってよい協力関係を構築するための努力を重ねるようになり、そうなれば仕事の生産性が飛躍的に向上します。

ビジネスは「結果」で評価されるドライなものであり、そこに利他の精神が入り込む余地などないと考える人も少なくはありませんが、結果を出すためには利他の精神が非常に重要であるということを理解する必要があります。

どうすればヨコの関係を築ける？

では、具体的にどうすればヨコの関係を築くことができるのでしょうか。

組織内でカギを握っているのはリーダーです。だからこそ、リーダーが上下関係を強調するのではなく、相互に尊重し合うヨコの関係を築くように意識するのです。

ヨコの関係ができれば、利他の文化が組織に根付きます。

本来は、40～50代のベテラン世代がリーダーとしてしっかりとヨコの関係を築き、利他の精神を広めることが必要なのですが、残念ながら日本にはヨコの関係を築けるリーダーが少ないというのが実情です。

リーダーが変われば、社会は変わります。

企業に勤める40～50代にとって、利他的なリーダーシップをしっかりと発揮し、優しさが循環するチームをつくることは、定年を迎えて職場を去るまでに、ぜひやり遂げておきたいミッションのひとつと言えるのかもしれません。

ちなみに、部下の立場からヨコの組織をつくるというのは難しいものです。

ですが、もしもリーダーが間違った方向に進んでいる場合には、組織の一員として声を上げなければいけません。

今、組織がどのようなビジョンを掲げているのか。

リーダーの目指す方向性が本当にビジョンに沿ったものであるのか。

ビジョンの実現には別の方向へ進むべきなのではないか。

それらの点を、決して感情的になることなく、ロジカルに説明するのです。そしてそこからリーダーとの共通項を探り、対話へとつなげていくことが大切です。

「リーダーは何を言っても聞かないから」「あの人と戦うのは気が進まない」といった言葉を並べ、対話を避ける人もたくさんいますが、少し厳しい言い方をすると、それは単に逃げているだけなのではないでしょうか。

一人では難しければ、仲間と一緒に動いてみるのもいいでしょう。

うまくいかなくても、気に病む必要はありません。何らかの前向きなチャレンジを重ねていれば、いつか必ず道は開けてきます。

ヨコの関係が生きている組織は、あらゆる方向から作っていくものです。

部下の側から行動を起こすのはとりわけ勇気がいるかと思いますが、損得ではなく、善悪を判断基準にして動いてみてください。

そうした行動の積み重ねが、利他的な生き方につながるのです。

150人の部下たちに声をかけ続けた現役時代

私はかつて、管理職として大勢の部下を抱えていました。

直属の部下が150人、間接的にはさらに数百人。こうした大人数の部下たちと、どのようにしてヨコの関係を作っていくべきなのかと悩みました。

その結果、席で待っているのではなく、自分から部下に声をかけようと決めました。トイレへ行くときもあえて毎回違うルートを通るなどして、できる限りオフィス内を歩き回り、部下一人ひとりの様子を観察するのです。

そして、ちょっとでも「元気がないな」と感じたときは、「調子はどうですか？」と声をかけるのです。とてもシンプルなコミュニケーションですが、これが驚くほどの効果を発揮しました。

特に新入社員や若手社員にとっては、部門のトップから声をかけられること自体が非常に嬉しかったようで、何度も感謝の言葉をいただきました。私にとっては小さな利他の行動でしたが、相手にとっては仕事へのモチベーションに関わる、実に大きな出来事になっていたのです。

自分で言うのは照れくさいのですが、私は「理想の上司」だとよく言われます。もし、私が「上司」という立場にあぐらをかいて、乱暴な指示ばかりを出すような人間だったらこのような評価はいただけなかったでしょうし、組織がまとまることもなかったでしょう。

自分の足で現場を歩き回り、みんなに等しく声をかけ、ヨコの関係をつくることに尽力したことで、立場に関係なく、お互いに声をかけやすく、優しさに満ちた職場が構築できたのだと思っています。

ちなみに、「最近顔色が悪いな」「このところ仕事が行き詰まっているようだけど、何が問題なのだろう」などと常に周囲に気を配っていることで「疲れませんか？」と聞かれることもよくありました。

しかし、私の答えは圧倒的に「NO」です。部下がみんな元気なら嬉しいですし、元気のない人が自分のちょっとした行動で元気を出してくれたらとても嬉しい。

だからこそ、自然に声をかけたいという気持ちになるのです。

義務感から目を配っていたら疲れるのかもしれませんが、私は「みんなが嬉しいと私も嬉しい」という気持ちだけで行動していたので、疲れを感じることなどまったくありませんでした。

建設的な対話の習慣を身につける

「建設的な対話」の基本とは？

私たちはそれぞれに異なる経験を持ち、それぞれの価値観や視点を大切にしながら生きています。その違いを理解し、リスペクトしあうことが建設的な対話の基本です。ヨコの関係を構築するためにも、組織に身を置いている誰もが建設的な対話の習慣を身につける必要があります。

建設的な対話において重要なのは、まずは相手の意見を遮ることなく最後まで聴き、いったん受け止める姿勢です。自分の意見を伝えるのはそれからです。

対話を重ねてヨコの関係ができてくれば、話す側も受け止める側も、年齢や職位が上の人も下の人も安心して心を開けるようになり、第1章でお伝えしたような心理的安全性がチーム内に生まれます。

タテの関係を重視する職場では、新入社員が建設的な意見を口にしても、まったく耳を傾けてもらえません。

そして職場全体に「余計なことは言わないほうがいい」という空気が漂います。

もちろん、イノベーションが起こるはずなどありません。

建設的な対話をすることによってヨコの関係ができる。ヨコの関係があるからこそ建設的な対話ができる。再び「鶏が先か、卵が先か」という話になってしまいますが、いずれにせよ、ヨコの関係を基盤にした対話こそが安心できるチームを構築します。そして、安心できるチームでこそ、誰もが利他の精神を発揮し、互いに職場に貢献できることは間違いありません。

夫婦間でも「建設的な対話」を

あなたの日常生活ではいかがでしょうか？

先にも少し触れましたが、夫婦の会話を例に考えてみましょう。

例えば、「今日はおいしいものを食べに行きたいね」という話題が出たとします。

このとき、「おいしいものを食べよう」という目的は夫婦の間で一致していますが、妻は「お寿司が食べたい」と言い、夫は「ウナギがいい」と意見が分かれます。

さあ、ここから建設的な対話が始まるでしょうか？

もしも夫婦の間に夫を上としたタテの関係があり、夫が「お寿司は先週、仕事先で食べたから、今日はウナギで決まりだ！」と押し切るのであれば、そこから建設的な対話は生まれません。

「お寿司は先週食べたばかりだから、できれば今日は別のものにしたいのだけれど、お寿司以外だと何が食べたい？」

「何でもいいけど、ウナギは高いから他のものがいいわ」

そのような流れで二人の意見をすり合わせ、最終的に「回転寿司に行って、そこでウナギのお寿司も食べよう」という折衷案にたどり着いたとしたら、それこそまさに建設的な対話だと言えるでしょう。

建設的な対話とは、お互いの意見を尊重しながら、よりよい解決策を見つけていくプロセスであると言っても過言ではありません。

こうした小さな日常のやり取りは、利他の精神を養う絶好の機会です。自分の意見をしっかりと伝えながらも、相手の意見を十分に尊重し、対話を通じて共通の目標を達成する。それをぜひ習慣化してみてください。

対話の力を高めるためには慣れが必要です。

慣れてくれば、大きな組織でも対話の力を活かせるようになってきます。

motivation
Down
Respect
motivation
UP

リスペクトできない相手がいたらどうする？

建設的な対話を実践するには、相手の経験や価値観等を「リスペクトする」ことが大切だとお伝えしました。

この話をすると、必ずといってよいほど、「どうしてもリスペクトできない人には、どのように対応すればよいでしょうか？」という質問が出てきます。

ですが、「リスペクトできない」ではなく「リスペクトする」のです。

どんな人も、その年齢まで頑張って生きてきました。

その人にはその人だけの人生があります。他人がそれを侵すことはできませんし、侵してはいけません。

とはいえ、悪意をもって人を傷つける人、道理に外れたことをする人など、色々な人がいるのもまた事実です。拒絶したくなるのも、見下したくなるのも、ある意味では、自然の感情と言ってよいでしょう。

しかし、あえて私は「相手を拒絶するのではなく、まずリスペクトしましょう」と伝え続けています。

分かり合う必要も、同意する必要も、共感する必要もありません。

しかし、その人が今まで生きてきたことへのリスペクトだけは絶対に手放さない。これが野口流です。

ひとつ言えるのは、相手へのリスペクトを保つということは、自分の品位と余裕を保つことと同義だということです。

相手と同じ舞台に下りてお互いを罵り合うのではなく、「あなたに共感することはできないけれど、ここまで頑張ってこられたことには敬意を表します」。そんな姿勢を示すことで、余裕をもって状況を俯瞰し、結果的に自分が望む方向で建設的な対話を進められるのです。


無論、リスペクトどころではなく、腹が立って仕方がないという場合もあります。

そんなときは、その人とあなたの間にある共通の目的が何なのかを、冷静になって考えてみてください。

例えば、職場であれば「今回のプロジェクトを成功させて、利益を上げる」という目的があるかもしれませんし、夫婦であれば「何としても、子どもが成人するまでは協力して育て上げよう」ということかもしれません。

共通の目的が明確になったら、それを一緒に実現する方法を考えます。そのためにできること、なすべきことを整理します。

それでもダメだというときは、その人とは離れることをおすすめします。

ときには覚悟を決めることも必要

「利他」と「覚悟」はなぜ関係しているのか?

組織のなかで利他的行動を取ろうと思うと、覚悟を迫られる場面に遭遇することが多々あります。ここでは組織と利他についてお話ししたいのですが、その前に利他的に生きることと覚悟の関係を見ていくことにしましょう。

「利他とは自己犠牲から生まれるものではない」と何度もお伝えしてきましたが、利他的行動に「覚悟」を問われる瞬間がつきまとうのは、時として自己犠牲や負担を伴うケースが利他にはあるからです。

その覚悟をどのように捉え、どうやって利他を実践していくのか。

自分自身の価値観や状況に応じて調整することが大切です。

ここから、利他に覚悟が求められる場面や、それを克服するための3つの考え方を紹介させていただきます。

予定を変更することへの覚悟

他人を助けるためには、自分の予定を変更したり、優先順位を変えたりする決断が求められることがあり得ます。これは、そのときの状況によって判断せざるを得ず、時には覚悟を決めて利他の行為を優先すべきこともあります。

しかし、繰り返しになりますが、過度な自己犠牲の上に「利他」は成り立ちません。自分自身が幸せを感じられなければ、どんな行為も長続きはしないからです。利他は瞬間的なものではなく、継続を必要とします。

そのためにも、身体的、財政的に過度な犠牲を伴う利他的行動は避けるべきだと、私は常に考えています。

批判や誤解を受けることへの覚悟

自分では善意の行動だと思っても、それが必ずしも周囲から正しく理解されるとは限りません。現代は多様性の時代です。様々な意見や価値観をもつ人がいます。

多様性を前提とすると、自分の行為が「偽善的だ」などと誤解されてしまうことも十分に考えられます。他者に誤解される覚悟は常にもっていなければなりませんし、時には自分が考える正しさを、自分の言葉で説明する覚悟も必要になります。

見返りがないことへの覚悟

利他の行動は基本的に「無償の愛」に基づくものですが、時には「感謝されない」「報われない」と感じたり、周囲の評価や反応に一喜一憂してしまったりします。

そんなときも、様々な考え方の人がいることを前提に、自分軸をしっかりと持ち、「間違ったことはしていない」という強い意志で続けることが大切です。

一度限りの善行は比較的容易ですが、継続していくことには精神的な忍耐と覚悟が求められるということを覚えておきましょう。

あなたは自分の会社を告発できますか？

例えば、内部告発をきっかけに企業ぐるみの犯罪が明るみに出ることがあります。告発した人は、その事実を隠しておくことができたにも関わらず、自身の正義感と照らし合わせて勇気を振り絞って行動を起こしたはずです。

これは、誰にでもできることではありません。不正の存在を知ってしまったけれど、自分自身の立場が危うくなることを恐れて、知らないふりを通す人が大半ではないかと想像します。

無理のない範囲で、少しずつ利他的な行動をしていけばよい。

この言葉だけを聞けば、利他というテーマには、どこまでも穏やかで優しい世界が広がっているような印象を抱かれるかもしれません。

しかし、利他の行動を突き詰めていくと、大きな岐路にぶつかることもあります。これ以上進むと自分の立場が危うくなるかもしれない。一歩踏み出した瞬間に人生が変わってしまうかもしれない。そんな岐路です。

前へ進む場合には腹を括る覚悟が必要ですし、引き返したら引き返したで、「これは逃げなのではないか？」という自己嫌悪がつきまといます。

あなたはどのように考えるでしょうか？

幸いなことに、私は「会社を告発するかどうか？」という悩みに直面することなく会社員生活を終えることができました。

しかし、もしそのような場面に遭遇したのであれば、善悪の判断や利他の精神から考えて、「知った以上は言う」という行動を選択しただろうと思います。

私が経験した「岐路」

告発とまではいかなくても、私自身も大きな岐路に立ったことは数え切れないほどありました。そして、多くのケースで利他の行動を選び取ってきました。

現役時代のことでよく覚えているのは、社内で何らかのトラブルが起きるたびに、火消し役として対応する役目を担っていたことです。

トラブルが起きるたびに、私のところに「救助要請」の電話が入りました。

私はそのたびに場を和ませたりしながら、何とかしてトラブルを収めていました。そんなことを繰り返していたので、結果的に多くの人から感謝されたものです。

もちろん、場合によっては自分の立場が危うくなります。

飛ばされるかもしれない、という怖さを感じることも少なからずありました。

それでも利他的な行動を貫くことができた理由は2つあります。

ひとつには、「いつ何があっても後悔しない」という覚悟を決めていたこと。妻にも「いつ会社を辞めることになるか分からない」と常に伝えていました。もうひとつは勇気があったこと。その勇気の源は、他ならぬ「善悪の判断」です。


これから利他について考え始めよう、というあなたに「どんなときも腹を括って、他者のために行動するべきだ！」などと言うつもりはありません。数十年にわたって意識的に利他に取り組んできた私だからこそできることもあると理解しています。

できることを一歩一歩。それでいいのです。日本人はみな生まれながら善悪感情も利他心ももっているので、誰もが恐れることなく利他心を発揮できるようになれば、社会はもっと優しく、もっと居心地のよい場所になるに違いありません。

大切なのは「3－2＝1」の精神

完璧主義は手放して

様々な利害関係が渦巻く組織のなかで、善悪だけを基準に利他心を発揮するのは、決して簡単なことではありません。

大切なのは完璧を目指さないこと。

私自身も100％を目指してしまうことが少なくないのですが、そのような行為は多大な犠牲を伴うこともあり、時間がかかることによって助けたい人の利益に反する結果になってしまいがちです。

そんな事態を避けるためにも、70％でも行動を起こすことが大切です。

行動しながら微調整を重ね、自分なりの完璧な形に近づけていくことも可能だからです。

まずは自分自身が不完全な存在であることを認め、できる範囲で最善を尽くすことを考えましょう。うまくいかなくても失望する必要はありません。

むしろ、うまくいかないことを前提に活動を継続していく。それで十分です。

だからこそ私は「三歩進んで二歩下がる」の精神で、一歩ずつでも前に進むことをよしとしています。

3つ挑戦して2つ失敗しても、ひとつ成功すれば前進です。

成功にたどり着くには失敗がつきものです。一歩でも進んでいることを喜びとし、その一歩に価値を見出すことが、利他の精神を育てていく上で重要なのです。

人はどうしても、失敗に目が向きがちです。

「できなかったこと」に囚われてしまうとせっかくの前進を見失い、挫折感だけが心に浮かびます。しかし、「少なくともひとつはできた」という事実に焦点を合わせると心が前向きになり、自己肯定感が高まります。つまり、悪しき完璧主義を手放して、自己肯定感を高めていくことが、次へ進むためのエネルギーとなっていくのです。

では、3つチャレンジし3つとも失敗した場合はどうなのでしょうか？

よく考えてみてください。

あなたは「3つチャレンジする」ということにチャレンジしたわけです。つまり、チャレンジすることには成功しているのです。

小さな成功を積み重ねるためのステップ

利他の活動で小さな成功体験を積み重ねるには、具体的で小さな行動計画を立て、実践し、振り返りと自己評価を行う持続可能な仕組みをつくることが重要です。

一つひとつの行動が、他者や社会に役立つだけでなく、あなたの自信や幸福感にもつながります。焦らず、自分のペースで一歩ずつ進むことを心がけましょう。

ここでは、そのための具体的なステップをご紹介します。

1 小さな目標を設定する

できるかぎり具体的な表現で目標を設定します。

「人を助ける」といった漠然とした言葉ではなく、対象となる人や回数も含めて、明確で実行可能な目標にしましょう。自分の時間やエネルギーに無理がないように、簡単に実行できる目標を選ぶこともひとつのコツです。

（例）・朝のあいさつは自分からする
・一日一回、困っている人に声をかける
・毎月一回、地域の清掃活動に参加する
・家族や同僚に感謝の言葉を伝える

2 利他の活動を実践する

利他の行動を特別なイベントとして捉えず、日常生活の一部として取り入れます。

（例）・通勤時にゴミを拾う
・スーパーマーケットなどで店員さんに笑顔で感謝を伝える
・周囲を積極的に観察して、他人が困っている小さなサインを見逃さない

3 一日の利他の活動成果を確認する

自分の行動によって相手や周囲の人がどんな反応を示したのかを確認します。

（例）・店員さんに「ありがとうございます！」と声をかけたとき、店員さんが最高の笑顔で「ありがとうございます」と応えてくれた

さらに、目標に対してどこまで達成できたのかを記録します。

正確でなくても構いませんが、自分のイメージで点数を付けることがおすすめです。その数値をもとに、次の行動につなげるためのメモを書いたりすることで、あなたのモチベーションはさらに向上します。

4 自分で自分をほめる

目標に対する実績の点数が低くても、小さな行動を起こした自分を認めましょう。成果の大小とは関係なく、「今日も誰かの役に立てた」と自分を評価するのです。

その際にはポジティブなフィードバックを活用し、常に次の目標に向かえるような前向きなほめ言葉をかけるようにします。

5 周囲の仲間を見つけ、まわりと協力して活動する

共感しあえる仲間を見つけましょう。

目標や実績を共有しながら、相互に評価しあうことで次へのステップへのヒントを多角的に捉えます。アドバイスやヒントを交換することが、新たな利他へのヒントを与えてく

れます。積極的に共感の輪を広げることで負担を軽減し、精神的な支えを得ることもできます。

6 楽しみながら活動する気持ちをもつ

利他は義務感から行うのではなく、自分自身が喜びを感じることが大切です。

利他的な行動を義務に感じて、うまくできない自分を卑下してしまいがちですが、決して自己犠牲の上で無理に行うことではありません。

長続きのコツは「利他の行動は他者だけでなく自分自身をも幸せにするもの」だと意識すること。うまくできないことを気にする必要はまったくありません。

第6章

「利他心」でウェルビーイングな社会を

一人ひとりの「利他心」がウェルビーイングな社会をつくる

ウェルビーイングとは？

ウェルビーイングとは「心身ともに健康で満たされた状態」、つまりは、「身体的な健康だけでなく、心理的・社会的・感情的な面も含む、総合的な幸福感や充実感」を意味する言葉です。

そこであなたに質問です。

誰もがウェルビーイングな状態になると、社会に何が起きるのでしょうか？

私自身は、ウェルビーイングな社会とは優しさが循環する社会だと考えています。それは緩やかな変化かもしれませんが、非常に大きな変革であると言えます。

日本文化には元来「お互いさま」や「持ちつ持たれつ」といった利他的な価値観が根付いているため、大きな変革を起こす土壌が存在します。ウェルビーイングという変革は、少子高齢化や孤独社会、経済格差といった、日本が直面する課題を解決する一助となるに違いありません。

したがって、現代を生きる私たちに必要なのは、日本に根付いた思いやりの感覚を現代の文脈で再定義することでしょう。

第6章では、それぞれの利他の心がどのようにして「社会的ウェルビーイング」につながるのかを考えてみたいと思います。

利他心で行動する人は、他者からの信頼を集めやすく、それ故に良好な人間関係を築くことができます。その結果、会社等の組織のなかで、その人を起点として利他の循環が生まれ、職責や年齢の上下を問わない「ヨコの関係」が機能するようになり、チームに心理的安全性が構築されていきます。

あるいは、社外のお客様に対応する場合でも、利他の心を基盤とすることによってWIN-WINな関係を作り出すことができ、双方に利益が生まれます。

つまり、利他心は自分と相手、双方のウェルビーイングを向上させ、それによって社会全体の幸福感を向上させていくのです。

特に50代以降の方々には、利他的な行動を日々の生活に取り入れることによって、自分自身だけでなく、次の世代に残す社会を「よりよきもの」に変えていくことを、ぜひとも考えていただきたいと思っています。

アドラーも語る「他者貢献がウェルビーイングにつながる理由」

『嫌われる勇気』（岸見一郎／古賀史健、ダイヤモンド社）で日本でも一躍有名になった、オーストリアの心理学者アルフレッド・アドラーは、「人間は社会的存在であり、他者と協力しながら生きることが本質的な幸福につながる」と訴えてきました。

アドラーが頻繁に用いる「他者貢献」という言葉はまさに利他心のことで、家族や友人を支えること、仕事でチームに貢献すること、あるいは地域社会でボランティア活動を行うことなどが含まれます。そして、この「他者貢献」はウェルビーイングが必要とする要素と密接に結びついています。

それらの要素をひとつずつ見ていきましょう。

1 意義（Meaning）を与える

他者への貢献は自分の存在が他者や社会にとって価値があるという感覚をもたらします。

この「意義の感覚」は、人が生きる目的を見出し、ウェルビーイングを高めるための重要な要素になります。

2 人間関係（Relationships）を強化

他者への貢献は感謝や信頼を生み出し、良好な人間関係の構築を助けてくれます。社会的つながりが強い人は、孤独感が減り、心理的安定を得やすくなります。

3 ポジティブ感情（Positive Emotion）を促進

他人を助ける行為は感謝や達成感、喜びなどのポジティブな感情をもたらします。研究でも、利他的な行動が幸福感を高めることが示されています。

4 自己肯定感（Self-esteem）と成長

他者に貢献することで、自分が社会の一部として一定の役割を果たせているという自己肯定感が高まります。また、他者貢献を通じて新しいスキルや視点を得ることで自己成長を感じることもできます。

アドラーの言う「他者貢献」とは、自分自身を他者や社会とつなげるものであり、意義のある人生のためのカギの役割を果たします。人は他者や社会とつながることで心理的な充足感や健康を得ることができ、それがウェルビーイングにつながります。

　個人の幸福感が明らかに、社会のウェルビーイング向上に寄与するわけです。

利他の心が社会を変えるシナリオ

一人ひとりの利他心が社会に与える影響

　誰もが利他心をもつことで、社会はウェルビーイングへと向かっていきます。
　ここでは、私が想定するウェルビーイングまでのシナリオを説明します。

1 社会的信頼の構築

　利他的な行動が広がることで、他者を信頼しやすい社会風土が生まれます。人々は互いに協力しあう意識をもつようになり、職場、地域、国家レベルでの相互信頼感が高まります。

（例）地域のボランティア活動、災害時の支援ネットワーク。「助け合う文化」や意識が人々に浸透し、つながりが増え、孤独や孤立が減少する。

2 生産性の向上

ウェルビーイングを重視する働き方や生活スタイルが社会に普及することによって、結果的に生産性も向上します。

（例）従業員の意識改革と研修などによるウェルビーイングを優先する企業文化の促進。労働環境の改善による従業員のストレスの軽減、離職率の低下など、今、社会的な問題となっている企業人のメンタル不調者を減らす。こうした変化は企業内にとどまらず、従業員の家庭や社会全般へと広がっていく。

3 地域社会の復活

利他心に基づく活動が地域レベルで浸透すれば、日本の大きな社会的課題である少子高齢化や地方の過疎化等に対する新しい解決策が見つかる可能性があります。

（例）地域での助けあい活動、高齢者支援プログラムの仕掛けづくり。行政や教育機関と一緒に地域活動の活性化を行うことによって、魅力ある地域が増え、大都市に集中する人口を分散させることができる。

実現に向けたステップ

では、これらを実際に行動に移すには、どのようにしたらよいのでしょうか？ここからは実現に向けたステップを見ていくことにしましょう。

1 教育を通じた価値観の普及

利他心やウェルビーイングの概念を小中学生の教育に取り入れることで、次世代が自然とこうした価値観を受け入れるようになります。

（例）学校教育での「道徳教育」を発展させ、社会的感情や共感の重要性を教える。

2 政策的支援

政府や自治体がウェルビーイングを重視する政策を推進することで、利他の実践が奨励されます。

（例）ボランティア活動への税制優遇、ウェルビーイングな企業への支援など。

3 企業の役割

企業が利他心やウェルビーイングといった概念を経営理念などに組み込むことで、従業員や消費者にもその価値観が広がります。

（例）福利厚生の充実、人間中心経営の推進、CSR（企業の社会的責任）活動の強化。

4 テクノロジーの活用

SNSやデジタルプラットフォームを活用し、利他心やウェルビーイングを広める運動を促進できます。

（例）利他心に基づく行動を可視化するアプリやキャンペーンの作成。

「利他」による社会変革、成功のカギは？

様々な観点からのアイデアを述べてきましたが、成功するかどうかは以下の2点が大きな鍵となるでしょう。

1 草の根運動とリーダーシップの両立

大切なのは、個人レベルでの実践（草の根運動）と政府や企業のリーダーシップを連動させることです。個人レベルでは、多くの賛同者や仲間と一緒に活動をすること。そこでのつながりを大切にし、社会のなかで影響力をもつキーパーソンに働きかけ、さらに大きな輪を作っていきます。

（例）地域のボランティア活動が盛り上がりを見せることで、自治体などがそれを支援する仕組みを提供する。

2 長期的な視点

利他心やウェルビーイングといった文化は、一朝一夕で広まるものではありません。長期的な視点をもって、徐々に社会に浸透させる必要があります。決して諦めることなく、運動、活動を継続していきましょう。
自分たちの世代だけでなく、次の世代につなげていくという視点が必要です。

「恩送り」の実践でウェルビーイングな社会を

日本に根付く「恩送り」とは？

仏教では、人はこの世で必ず四つの恩（四恩）を受けると考えられ、それらの恩に感謝し、他者や社会に返すことが重要視されています。日本文化に古くから根付き、人と人とのつながりを大切にする心として現在まで受け継がれているこの考え方は「恩送り」と呼ばれています。

具体的に言うと、誰かに親切にしてもらったら、直接その相手にお返しすることにこだわるのではなく、他者や社会全体に対して親切な行動をすることが「恩送り」に当たります。リレーのバトンを次の人に渡すようなイメージでしょうか。

東日本大震災で被災し、多くのボランティアに支えられた方が、そのときの感謝の気持ちを胸に能登半島大地震の被災地にボランティアとして駆けつけた、という話を聞きました。これは素晴らしい「恩送り」です。

また、友人がカフェで自分の分までコーヒー代を払ってくれたので、それに対する感謝の気持ちを込めて、帰り道、見知らぬ誰かのために小さな親切をしたという話を聞いたことがあります。これも立派な「恩送り」です。

ですが、こうした具体的なことでなくてもかまいません。

あなたが上司からたくさんの愛情を注がれたことを忘れずに、後輩に対して同様の愛情をもって指導をしているとしたら、それも「恩送り」のひとつの形です。

まるでバトンパスのように、恩が次々と先へ送られていくということは、第1章でお伝えした「優しさの循環」に通じるところがありますね。

誰かの親切や優しさを起点として、善意が社会全体に広がり、結果として、自分もその善意の循環の中で恩恵を受けることができる「恩送り」。

まさにこれはウェルビーイングな社会をつくるために欠かせない考え方です。

欧米にも存在する「ペイ・フォワード（Pay it Forward）」という概念

他方、欧米にも「恩送り」と同様の「ペイ・フォワード」という概念が存在します。

この言葉は、アメリカの作家キャサリン・ライアン・ハイドが著した同名の小説や、それに基づく映画によって広く知られるようになりました。善意を返すのではなく、「先払いする」と言う方が分かりやすいかもしれません。

このような行為によって善意の輪が広がり、社会全体がより親切で思いやりのある場所になっていくという考え方は、日本でも欧米諸国でも同じなのです。

例えば、アメリカのスーパーマーケットでは、余った小銭をレジの横のボックスに入れて帰ると、小銭が足りない人や、今日の食糧を買えずに困っている人などがそのボックスから小銭を使う、という習慣があります。

これも「ペイ・フォワード」の一例だと言えるでしょう。

金額自体は小さなものですが、根底にある精神には非常に大きな意義があります。

Payforward
Give
Give
Happy
Osusowake
Happy

自分の余剰を誰かにおすそ分けし、その恩恵を受けた人は、余裕のあるときに他の誰かにおすそ分けをする。日本でもこうした習慣が様々な場面で浸透していくことを心から願っています。

大切なのは「見返り」を求めないこと

あなたもすでにお気づきの通り、「恩送り」や「ペイ・フォワード」という概念には、「見返り」を求めるという発想が含まれていません。

「恩送り」は、恩を与えてくれた人に対する「見返り」ではあり得ません。なぜなら、あなたが親切にする相手はまったく別の人だからです。そんな連鎖のなかにいると、自然と自分にも相手から見返りがあるという発想をもたなくなるのでしょう。

ギブ＆テイクではなく、ギブ＆ギブ。

「恩送り」という循環を作り出すことで社会をウェルビーイングな状態にするには、一人ひとりが「ギバー」の姿勢を持ち続けることが大切なのです。見返りを求めずに善意を送り続けていれば、それがいつの日か別の形で返ってくるものです。

自分自身が成長したり、周りの人とよりよい関係を築けるようになったりするのも、オマケのようでありながら非常に大きな見返りなのだと言えます。

「恩送り」も小さなことから

こうした「恩送り」の概念は、個人主義が強まる現代社会で他者とつながり、ともに生きるための方法として、多くの人々が興味をもつようになっています。

「誰からの恩を誰に渡せばいいのだろう？」と難しく考える必要はありません。「恩送り」の行動というのは、まさに本書で述べてきた利他の行動。自分にできる小さなことから始めることで、その恩はつながっていくのです。

例えば、私は飛行機のなかで、隣の席の女性が大きな荷物を頭上の棚に上げるのに苦労していると、頼まれずとも手伝いを申し出ます。それは何も特別なことではなく、誰もが当たり前にしていることだと思っていたのですが、乗務員さんから「ここまで親切な日本人はいない」という話を聞き、少し驚きました。

日本人には周囲の目を気にして、目立つことを嫌う人が多いのかもしれませんが、こんなときに自分の背中を押してくれるのが「恩送り」という言葉です。

自分が今こうしていられるのは、どこかの誰かが自分のために動いてくれたことがあったから。そのときに返せなかった恩をここで返そうと思ったなら、周囲の目など気にすることなく、進んで行動できるようになるのではないでしょうか。


恩送りの考え方がどんどん広がって定着すれば、社会は確実にウェルビーイングになっていくでしょう。誰もが次の誰かのために行動し、その行動がまた次の人によい影響を与えるという善意の連鎖が続く社会こそが、私が目指す理想の社会像です。

次世代のためにも、ぜひあなたから始めてみてください。

オマケとして、あなたの幸福度も確実に高まりますよ！

野口流、社会を変える活動

経験を伝えていくことも大いなる利他

私は会社員時代から、利他の心によって社会をよりよくしたいと思い続け、職場や地域、家庭のなかで、自分にできることを地道に続けてきました。

例えば、恵まれない子どもたちが暮らす児童養護施設にランドセルを送るといった活動、障がいをもつ子どもたちの「母親連絡会」、学校へ行けないベトナムの子どもたちへの支援活動など、複数の活動への定期的な寄付も行っています。

また、退職してからはいくつかの活動を立ち上げ、これまでの経験から得たことを多くの方にお伝えしています。第3章でもお伝えしたように、私自身の経験は誰かを助けたり、支えたりするための大きな資源です。経験を伝えていくことそのものもまた、利他の行動になると考えています。

本書の最後に、私が主宰している「野口しあわせ研究所」についてお伝えします。

この研究所は自己成長を基本として、社会をよくしていくこと（ウェルビーイングによる社会構築）を目的とするコミュニティです。

そして、社会を動かすための知識を増やせる勉強会には次の４つがあります。

野口塾

３年前にスタートした野口塾は、東京都千代田区二番町の国際ビジネス大学校で、毎月第４土曜日に開講しています。

私の著書『働くことは人生だ！　君たちはどう「はたらく」か？』（セルバ出版）のなかから当日発表する２つのテーマについて、参加者が限られた時間のなかで考え、アウトプットします。それに対して、他の参加者がフィードバックを行います。

他者の視点も交えて考えることで自己成長、自己肯定、自己受容などの自己研鑽を行うことができます。20代～70代の方が集まる刺激的な勉強会で、現在すでに31回開催されており（２０２４年12月現在）、毎回大きな盛り上がりを見せています。

尊重し合える仲間と共に自己実現を目指せる場
野口塾
フラっと立ち寄れるフラットな場
3つの約束
安 常に相手を敬い 全な場
楽 アウトプットを しむ場
尊 多様性を 重する場
定員 先着 10名
参加費用
初回 無料
2回目以降▶2千円
1回2時間/月1回
塾長 野口雄志
野口しあわせ研究所 所長/グリットコンサルティング 代表/株式会社グリッターフレンズ 代表取締役
元日本通運株式会社に勤めて7年間でIT部門の大改革を行い成功を収める。2012年日経BP社クラウドイノベーションアワード賞を受賞。2014年の定年退職後はコンサルティング会社を起業し企業の戦略支援や人材育成でお客さまの個別のリクエストに応えながら人気のセミナー・講演講師としても全国、海外を忙しく飛び回っている。
LINE
開催日程 お申込み▶
参加希望、詳細については事務局までお問い合わせくださいませ

野口リーダー塾

2カ月に1回開催される野口リーダー塾は、野口塾を6回経験した人を対象として、社会のリーダーとして考えなくてはならない12のテーマを取り上げ、毎回参加者に発表してもらいます。

目的は、以下の5つの能力を身につけることです。

- 説得力のある言葉で語り、文章を書くことができる（コミュニケーション能力）
- 他者の話に耳を傾け、その真意を読み取ることができる（対人能力）
- 起こりうる衝突や緊張状態をうまく処理できる（問題解決能力）
- 異なる集団や個人をまとめることができる（交渉能力）
- 共通のゴールを目指すモチベーションをつくることができる（人を鼓舞する能力）

1回2時間という限りある時間のなかでファシリテーションを行い、テーマを考え、ビジュアル化し、発表し、最終的に建設的な対話までもっていくプログラム。参加者はみんな2時間でヘトヘトになっていらっしゃいますよ（笑）。

野口最強人生塾

平日の夜にオンラインのみで行う5人～8人の勉強会です。

マサチューセッツ工科大学のダニエル・キム教授が提唱している「組織の成功循環モデル」を目指すべき方向性として掲げています。

この塾の特色は、参加者が他の参加者によるフィードバックを自分の人生に活かす方法について考えるところにあります。相手の発表を集中して聴き、そこから自分の考えをまとめ、相互にフィードバックをします。

短い時間の中で多くのことを考えるため、非常に刺激的だと評判です。世の中には様々な考え方があるということを学べるだけでなく、集中力と選択力とを強化できる、密度の濃い勉強会です。

野口わくわ～く塾

私が立ち上げたなかでは最も新しい勉強会で、2カ月に1回3時間、リアル限定で開催しています。

与えられた課題について、グループで解決策およびＰＤＣＡについて考え、さらにグループごとに発表資料を作成して発表し、相互にフィードバックをします。

あくまでもグループ討議が中心であり、グループ内での建設的対話力を実践形式で養います。

さらに、「野口しあわせ研究所」では、それ以外にも以下のような形で人生を楽しく、充実して生きるためのヒントを発信しています。

野口しあわせ研究所YouTubeチャンネル

４年前から始めた野口流の生き方や経験を紹介するチャンネルです。

ラジオパーソナリティ

２０２４年から「50歳からの最強人生」との番組名で、毎週異なるテーマをもとに野口流の生き方、考え方を時間の許すかぎりお伝えして（ＦＭさがみ、ＦＭかほく）、非

常に多くの反響をいただいています。

講演、セミナー活動

人生を楽しく生きること、職場活性化、定年後の充実した生き方などをテーマに、多くの講演会やセミナーに登壇しています。

塾の運営や発信などを通じて、「どのようにすれば社会をよりウェルビーイングな方向へと変えることができるのか？」を考えられる人材、言い換えれば、損得よりも善悪でものごとを考えられる人材を育成することが今の私の大きなミッションです。

50代を迎え、この先の人生は少しでも利他的な行動で社会に貢献していきたいと思っているあなたと、こうした学びの場でお会いすることができたならば、これほど嬉しいことはありません。

おわりに

最後までお読みいただき、誠にありがとうございました。少しでも皆さまのお役に立てることがあれば、これほど嬉しいことはありません。

さて、ここまでの人生を生きてこられたあなたの人生の充実度をグラフにすると、その曲線はどんな形を描いていますか？

右肩上がりでしょうか？

それとも、年齢とともに右肩下がりになっていますか？

私自身は、年齢とともに右肩上がりになった曲線が上がり切ったところでゴールを迎えられたら最高だと常々思っています。そして、実際に人生を振り返ってみると、自分のグラフはしっかり右肩上がりの曲線を描いていると実感しています。

人生の充実度といっても、人によって思い浮かべるものは様々でしょう。

仕事上の目標達成度、最終的にたどりつく役職、貯蓄や友人の有無といったことを思い浮かべる方もいらっしゃるかもしれません。

私にとって、充実度を示すグラフの指標は「モチベーション」です。

一般に、何かに挑戦したいというモチベーションは年齢とともに低下しがちです。しかし、いくつになってもチャレンジを続けて小さな成功体験を重ねることができ、その結果、さらにモチベーションが上がり続けていくのであれば、いくつになっても人生は楽しいですよね。

とはいえ、何もせずにモチベーションが上がるわけではありません。

モチベーションを上げる大きな要素として考えられるのが、本書のなかで繰り返しお伝えしてきた「利他の心」です。

「あの人の笑顔を見たい」という気持ちに端を発したささやかな行動が奏功して、大切な相手が笑顔になってくれる。

そんな小さな成功体験は、あなたの自己肯定感だけではなく「次はあんなことも、こんなこともやってみよう」というモチベーションを上げてくれるのです。

モチベーションが上がるだけではありません。そんな日々を送っていれば、本書でお伝えしてきた「優しさの循環」があなたの周りに生まれ、老若男女を問わず自然によい仲間が集まってくるようになります。

人が集まれば世界は無限に広がっていくので、自ずと役割や仕事も増えてきますし自分の周りによい流れができるようになります。


そのなかから生まれるのが感謝の気持ちです。

自分の行動に対して、「ありがとう」と笑顔を向けてくれる相手への感謝だけではありません。今ここに生きているという事実、日々健康で活動できること、ささやかながら誰かの役に立てる自分であること。

そんなすべてに対して強い感謝の気持ちが沸き上がってくるのです。

感謝の気持ちを感じると、明日はもっとよい一日にしたいという思いが生じます。そんな前向きな気持ちが周囲に伝わり、結果的にみんなが元気になっていくのです。

利他心もモチベーションも、感謝の気持ちも、すべては循環するのですね。

気づけば、私も71歳になりました。

私のような年齢の人間が、こうして利他を意識しながら生きている姿を目にした40〜50代の方は、「70代であんなことができるのなら今の自分にもできるはず」とほんの少し勇気を出してくださるのではないでしょうか？

自分より若い世代のために、人生をもっと磨き上げ、カッコいい背中を見せながら利他の循環を広げていくこと。私はそれこそが今の自分の役割だと思っています。

最後に、私が何よりも大切にしている「Take it easy！」という言葉をお伝えして、筆を置かせていただこうと思います。

あまり深刻に考え過ぎず、まずはチャレンジしてみましょう。

失敗したら、またそのときに考えればいいのです。

その先に開ける豊かな人生を信じて、ぜひ今、最初の一歩を踏み出してください。

本書の執筆にあたりましては、企画の段階から親切に相談にのっていただきました合同フォレスト株式会社の松本威社長、たくさんのアドバイスとともに、私の背中を押してくださった株式会社アレルドの細谷知司社長、石川和男副社長、原稿の作成をご支援いただきました棚澤明子さん、永井美羽さんに心から御礼を申し上げます。

本文のなかでも触れましたが、「一般社団法人おせっかい協会」の高橋恵会長には、「利他」の心の大切さをご教示いただきました。また児童養護施設等にランドセルを届ける「タイガーマスク運動　ランドセル基金」に尽力する、「特定非営利活動法人国際コンサルティング協会」の中谷昌文理事長には、本当にたくさんの活動でご一緒させていただき、いつもポジティブなお言葉で元気づけていただきました。

お二人には心より感謝しております。

いつも笑顔で励ましてくれた「野口しあわせ研究所」のみなさま。そして、私のビジネスパートナーであり、本書にも素敵なイラストを描いてくれた加藤紗耶香さん。

さらに、言葉には出さないもののいつも気にかけてサポートしてくれた家族にも、この場をお借りして感謝の気持ちを伝えたいと思います。

そして何より、最後までお読みいただいた皆さまには、最大級の謝辞を送らせていただきます。本当にありがとうございました。

時は止まりません。いつからでもスタートできる「利他」の心で、皆さまの人生が幸せになり、社会全体に幸せの輪が広がっていくことを心から願っています。

２０２５年４月　　野口雄志

著者　**野口雄志**（のぐち・ゆうし）

米国プロジェクトマネジメント協会認定PMP／上級心理カウンセラー
グリットコンサルティング代表／野口しあわせ研究所所長／流通経済大学客員講師
1953年東京都文京区生まれ。
日本通運株式会社に入社後、情報システム部門、国際輸送部門、海外（米国）現地法人勤務を経験し、2007年から本社IT部門トップになるや7年間でIT部門の大改革を行い、日本におけるクラウド活用の先駆けとして2011年日経BP社クラウドアワードを受賞。
定年退職後はコンサルティング会社を起業。「笑顔と幸せを届ける」ことを人生のモットーとして、多くの企業の戦略支援やデジタル支援、人材育成、人気のセミナー・講演講師、ビジネス書の著者、タレント、複数の財団、社団法人の役員として全国、海外などで幅広く活躍している。特に次世代を担う人材育成として、野口しあわせ研究所を設立し、野口塾を中心に活動。
2023年より社会貢献活動に軸足を置いている。

企 画 協 力　　株式会社アレルド代表取締役　細谷知司
編 集 協 力　　棚澤明子　永井美羽
組版・装幀　　ごぼうデザイン事務所
イ ラ ス ト　　かとうさやか（Sクリエイト）
校　　　正　　菊池朋子

50歳からの「利他」という生き方
～優しさが循環する社会の構築に向けて～

2025年5月5日　第1刷発行

著　者　　野口雄志
発行者　　松本 威
発　行　　合同フォレスト株式会社
〒167-0051
東京都杉並区荻窪3-47-17 第4野村ビルM200
電話 03（6383）5470
ホームページ　https://www.godo-forest.co.jp/
合同出版株式会社
発　売　　〒184-0001
東京都小金井市関野町1-6-10
電話 042（401）2930　FAX 042（401）2931
印刷・製本　モリモト印刷株式会社

ISBN 978-4-7726-6283-3　NDC 369　188×130

合同フォレストのホームページはこちらから➡
小社の新着情報がご覧いただけます。